LE MYTHE
DU HÉROS

LES THÈMES LITTÉRAIRES

LE MYTHE DU HÉROS

PHILIPPE SELLIER

Agrégé des Lettres

Bordas

SOMMAIRE

Préface

Avant-propos

CHAPITRE 7. DU XIXe AU XXe SIÈCLE : LA MAGNIFICATION DE JEANNE D'ARC 169

CHAPITRE 8. INTRODUCTION AU XXe SIÈCLE 184

● PRÉFACE

L'épreuve orale de français au baccalauréat repose aujourd'hui sur une approche méthodologique nettement définie. En effet, la liste présentée à l'examinateur par l'élève comporte maintenant, en même temps que des œuvres intégrales, des « groupements de textes choisis et étudiés selon une cohérence thématique ou problématique clairement formulée »[1].

Dans cette perspective, la présente collection se propose de partir d'un thème aux résonances actuelles et d'analyser la manière dont il fut perçu tout au long de l'histoire littéraire. Chaque volume apparaît d'abord comme un recueil des textes les plus représentatifs du sujet traité – qu'il s'agisse d'étudier par exemple le thème du héros, celui de l'aventure ou celui du rêve, pour ne mentionner que ceux-là. Ces extraits sont pour la plupart choisis dans la littérature française, mais certains des passages les plus significatifs de telle ou telle œuvre étrangère peuvent également figurer en traduction.

L'approche thématique, outre qu'elle entraîne souvent un intérêt spontané, se prête bien à une étude « sur mesure », variable selon le niveau du groupe ou des éléments qui le composent, et permettant d'exercer l'esprit critique de chacun. C'est donc au professeur que revient la responsabilité fondamentale : celle d'élaborer pour chaque type de classe, à partir de ces documents de travail que constituent les textes proposés, un programme de réflexion et d'exercices adapté à un public dont il connaît mieux que personne les forces et les faiblesses.

La rénovation des méthodes pédagogiques est aujourd'hui plus que jamais à l'ordre du jour dans tous les domaines d'enseignement. Elle nous paraît tout particulièrement nécessaire en ce qui concerne la littérature si l'on ne veut point que ce terme devienne pour certains synonyme de bavardage ou d'ennui. Cette collection ne se propose pas d'autre but que d'apporter une modeste contribution à cette tâche.

Le Directeur de la Collection

---

1. *Bulletin Officiel de l'Éducation Nationale du 7 juillet 1983.*

AVANT-PROPOS

L'imagination humaine, tout en les modulant parfois avec une irréductible originalité, crée des groupes d'images qui se retrouvent dans toutes les civilisations. La comparaison entre les récits mythologiques, les œuvres poétiques, les synthèses pré-scientifiques (cosmologies, alchimie...), bref entre les différentes productions de l'imaginaire, permet de faire apparaître ces constantes, soit dans l'enchaînement linéaire des images *(séquences)*, soit dans leur manifestation en gerbe *(constellations)*.

Le présent volume se propose de mettre en lumière que l'une des rêveries les plus courantes de l'homme, le désir d'excellence, le rêve d'être dieu, suscite une séquence et des constellations d'images particulières, aisément reconnaissables à travers le temps comme à travers l'espace. Ainsi devient possible une nouvelle lecture des productions littéraires : cette *critique mythologique* s'attache non seulement à révéler dans les œuvres les images privilégiées ou les réseaux de métaphores, à la façon des maîtres de la critique dite thématique (G. Bachelard, G. Poulet, J.-P. Richard...), mais à utiliser toutes les ressources de la mythologie comparée pour établir plus rigoureusement ces réseaux, déceler les affaiblissements éventuels subis par le mythe : la connaissance préalable d'une séquence mythique permet ainsi de découvrir dans une œuvre le vrai sens d'images assez pâles que le critique aurait, sans elle, été tenté de négliger. Cette méthode conduit à découvrir progressivement les *lois*, la *logique* de l'imagination, si différentes des lois et de la logique de la raison : ainsi, dans les mythologies, fréquemment, quand un héros ou un monstre meurent, à l'endroit où leur sang a arrosé la terre naît une plante Dans la logique de l'imaginaire, le sang et la végétation sont étroitement unis. Les lacs de sang y sont facilement ombragés de bois de « sapins toujours verts » (Baudelaire. « Les Phares », dans *Les Fleurs du Mal*). L'œuvre du grand Corneille est dominée par ces thèmes du sang et de la végétation, vision grandiose qui déconcertait les intellectuels classiques. L'Infante y voit Rodrigue

« *Du sang des Africains arroser ses lauriers* » (vers 543).

Ces séquences, ces constellations d'images, nous les retrouvons dans nos rêves ou nos rêveries. En déchiffrant l'histoire de Samson, celle de Rodrigue ou celle de Tête d'Or, nous lisons en nous-mêmes et nous comprenons mieux les formes contemporaines de l'éternelle rêverie héroïque.

N. B. Dans ce volume on a préféré à l'éparpillement la réflexion sur quelques grandes œuvres. Les titres entre crochets sont de l'auteur.

Le compagnonnage héroïque :
trinité militaire de Palmyre.

● CHAPITRE I

LA PERMANENCE DU « MODÈLE HÉROÏQUE »

Nos mots les plus beaux s'usent! *Héros* est de ceux-là. Comme *apôtre, amour*... il est traîné dans toutes les foires de la vie, avili, dépossédé de sa riche signification. Cette déperdition apparaît dans le *Dictionnaire de la langue française*, de Littré :

« HÉROS.

1. Nom donné dans Homère aux hommes d'un courage et d'un mérite supérieurs, favoris particuliers des dieux, et dans Hésiode à ceux qu'on disait fils d'un dieu et d'une mortelle ou d'une déesse et d'un mortel.

2. Fig. Ceux qui se distinguent par une valeur extraordinaire ou des succès éclatants à la guerre.

3. Tout homme qui se distingue par la force du caractère, la grandeur d'âme, une haute vertu.

4. Terme de littérature. Personnage principal d'un poème, d'un roman, d'une pièce de théâtre.

5. Le héros d'une chose, celui qui y brille d'une manière excellente en bien ou en mal... Le héros du jour, l'homme qui, en un certain moment, attire sur soi toute l'attention du public. »

Du héros grec ou indien, auquel est adressé un culte religieux, au héros du tiercé ou de la fête du village, il existe un abîme. De même le héros d'une comédie de Labiche n'entretient plus qu'un rapport des plus lointains avec Thésée, Cyrus le grand ou Roland. Pourtant, quand nous attribuons à quelqu'un le titre de héros, c'est que nous apparaît en lui quelque reflet de la portée originelle du terme : être semi-divin, lumineux (Littré retrouve lui-même involontairement des termes d'ascension solaire : *éclatants*, *haute* vertu, celui qui y *brille*), puissant, détaché de la foule des hommes ordinaires.

Dans ce volume ne sera considéré que le *héros* exaltant de nos rêves, celui qui incarne notre désir d'échapper aux limites d'une vie terne pour accéder à la lumière, notre volonté de quitter les bas-fonds pour les hauts espaces, notre passion de souveraineté. Nous voudrions tous être dieux, comme n'ont cessé de le répéter la Bible, les Stoïciens, saint Augustin, Pascal, Nietzsche ou Sartre.

Cette rêverie fondamentale, commune aux hommes de toutes les civilisations, a constamment suscité des textes littéraires, de l'histoire babylonienne de Gilgamesh [1] au roman policier d'aujourd'hui. L'étude de ces œuvres permet de déterminer les caractéristiques essentielles du véritable *héros*. Une fois celles-ci définies, il ne sera pas difficile de mettre en lumière leur présence dans un nombre important d'œuvres de notre littérature : des chansons de geste aux romans de Malraux ou aux formes populaires de l'héroïsme (*Superman*, le détective invulnérable, *L'Homme de l'Ouest*, etc.). Mais si le thème est aisément reconnaissable, de continuelles variations lui donnent des apparences toujours nouvelles.

LA GESTE DU HÉROS.

1. STRUCTURE DU « MODÈLE HÉROÏQUE ».

Les récits dans lesquels s'est exprimé le désir d'héroïsme, d'arrachement à la banalité de la vie, de supériorité sur le reste du monde, de réalisation éclatante de soi, d'élévation à

---

1. *L'Épopée de Gilgamesh* (dont les rédactions successives vont de l'époque sumérienne à la bibliothèque d'Assourbanipal, du IIIe au Ier millénaire, av. J.-C.) est « la porte royale par laquelle il faut entrer dans la littérature épique » (R. Labat). Le héros Gilgamesh et son ami Enkidou, après s'être affrontés, vont de victoire en victoire : ils l'emportent sur le géant Houm-baba, etc. Mais la gloire leur tourne la tête, ils succombent à la démesure : le Destin frappe d'abord Enkidou, qui meurt dans les bras de Gilgamesh. Hanté par la mort, le héros part à la recherche de l'herbe d'immortalité. Après l'avoir trouvée, il la perd et doit attendre, résigné, l'heure de descendre chez les morts. L'épopée s'achève en tragédie (voir P. Garelli, *Gilgamesh et sa légende*, Paris, 1960).

une condition quasi divine, forment un genre littéraire reconnaissable entre tous : l'épopée.

L'analyse des épopées ou des fragments épiques que nous possédons conduit à discerner sous les variations un thème fondamental : la manifestation de plus en plus éclatante du héros par des naissances successives, jusqu'à sa naissance immortelle. La séquence est rythmée par l'alternance naissance-mort-renaissance.

Le héros naît en général de parents illustres : son père ou sa mère est de nature divine (Héraklès, Achille); ou du moins ses parents sont des reflets de la divinité : rois, princes, êtres proches de Dieu. Dans bien des cas le couple parental a connu des difficultés, soit politiques, soit familiales (par exemple une longue stérilité de la mère : Samson). La naissance de l'enfant a été précédée d'oracles ou de songes, accompagnée de merveilles (« *présages* »). Souvent ces prémonitions se révèlent menaçantes pour le père : le nouveau-né est alors rejeté par sa famille, abandonné, « *exposé* », condamné à périr (Œdipe, Cyrus).

Cerné par la mort, menacé dès sa naissance par un univers hostile, confié aux caprices des eaux (le roi assyrien Sargon; les fondateurs de Rome : Romulus et Remus), l'enfant est sauvé par des pâtres (Œdipe), par un bouvier (Cyrus), ou nourri par les bêtes (Romulus et Remus). Il va mener alors une vie obscure, bien différente de celle à laquelle sa naissance eût dû le faire accéder. C'est la période de la vie cachée, d'une mort apparente.

Divers événements mettent fin à cette « *occultation* » du héros. Parfois il a gardé un « *signe* » de son origine, et on le « *reconnaît* » (Cyrus, Thésée). Ou il rencontre un jour ses vrais parents, s'attaque à son père, puis est reconnu. Mais le plus souvent il se révèle au monde par des « *travaux* » éclatants. C'est « *l'épiphanie* » héroïque.

Les exemples les plus célèbres de ces exploits sont ceux de Gilgamesh et d'Héraklès. Le plus typique est *le combat contre le monstre*, gardien d'un trésor ou d'une jeune fille, ou terreur d'une région (pour le psychanalyste, il s'agit là d'un arrachement à la mère menaçante). Quelquefois le dragon sera remplacé par un horrible colosse (Goliath, dans la Bible; le Morholt dans *Tristan et Yseut*) ou par une multitude d'ennemis, le grand nombre apparaissant par lui-même comme *monstrueux* (Samson contre les Philistins). Il existe en effet une relation à peu près constante entre le *monstrueux* et le *multiple* : les monstres de la Fable sont généralement des êtres composites, à plusieurs têtes, de plusieurs espèces (le Sphinx, Cerbère). Hugo « voit » dans les deux colonnes qui chargent à Waterloo « deux immenses couleuvres d'acier » (*Les Misérables*, II, 1) ou dans l'étendue marine aux innombrables reflets

« L'hydre océan tordant son corps écaillé d'astres » *(Les Contemplations)*.

Pour Char, le poète « crée le prisme, hydre de l'effort, du merveilleux, de la rigueur et du déluge » *(Partage formel*, XXXV) : le verre à mille faces s'identifie au corps à mille têtes.

Vainqueur de l' « *épreuve* », le héros apparaît comme celui qui délivre, le « *sauveur* », la providence de tout un peuple.

Mais bien souvent sa victoire a fait de lui un « *initié* » : il triomphe en même temps de la mort et accède à l'immortalité par une seconde naissance (« *apothéose* »).

Cette séquence mythique ne se rencontre pas toujours tout entière dans les récits. Si l'on veut bien prendre garde qu'elle est dominée par la loi du *contraste*, si importante en mythologie (Phèdre incendiée de passion en face d'Hippolyte voué à Diane...), on s'étonnera moins de trouver dans maintes œuvres une seule des oppositions mises ici en lumière. Un enfant obscur devient héros (David, simple berger; Jeanne d'Arc, dont l'histoire paraît exemplaire et fascinante parce qu'elle reproduit maints aspects du modèle mythique). Ou le héros, inconnu de tous, est reconnu à un « signe » (Ulysse par le chien, la nourrice, puis par les prétendants, à la fin de l'*Odyssée*). Comme on le voit, le créateur peut mettre en pleine lumière un seul des contrastes de la séquence (inconnu-reconnu), mais il arrive souvent que, pour le plus grand bonheur des auditeurs ou des lecteurs, il multiplie les variations sur cet unique aspect : de là ces trois reconnaissances d'Ulysse, les douze « travaux » d'Hercule, les innombrables combats singuliers dans l'*Iliade* aussi bien que dans les formes contemporaines de l'épopée (westerns, romans policiers...).

2. SOLARITÉ DU HÉROS.

Il importe de rappeler que le héros semble toujours imaginé avec des traits empruntés au soleil [1]. Le soleil, lui aussi,

---

1. B. Rowland a pu montrer leur prédominance dans la légende et l'apothéose du Bouddha : *Buddha and the Sun God*, 1938.

parcourt une carrière, dont les différentes étapes sont aisément assimilables à celles d'une vie éclatante : aurore, zénith, crépuscule. Comme le chante le *Psaume* 18 :

> « Il se réjouit, vaillant, de courir sa carrière.
> A la limite des cieux il a son lever,
> et sa course atteint à l'autre limite,
> et rien ne se soustrait à sa chaleur. »

Comme le héros, le soleil entre dans l'ombre, et sort de l'ombre. Son lever est une naissance, mais son « coucher » n'est qu'une mort apparente. A la différence de la lune, qui est imaginée comme morte pendant les trois jours d'obscurité, le soleil paraît descendu au royaume des ténèbres, aux enfers, qu'il traverse sans être atteint par la mort (de là certains aspects funéraires dans les récits de héros : descentes aux enfers...). Comme le soleil, le héros est *invincible*.

Dans l'épopée, cette solarité se marque par certains traits physiques du héros, en particulier sa chevelure ou ses yeux. La chevelure du dieu solaire Apollon représente la beauté de l'astre, la puissance de son rayonnement; la force de Samson est dans sa chevelure. Claudel se révèle donc extraordinairement accueillant aux suggestions du mythe, quand il donne à Simon Agnel le nom de *Tête d'Or* et ne cesse de suggérer sa parenté avec le Soleil (A. Tissier, *Tête d'Or*, Paris, Sedes, 1968, p. 119-127). Mais dans la plupart des cas, c'est le regard qui laisse deviner la grandeur solaire du héros : « les yeux d'Héraklès lançaient des flammes », et dans le temple de Zeus, sur le mont Laphystios, se dressait une statue d'Héraklès-aux-Yeux-Brillants (cité par R. Graves, *Les Mythes grecs*, Paris, 1968, p. 358 et 405). Achille a « l'œil étincelant » (*Iliade*, XX, 168-180) et ses armes resplendissent, « pareilles à la lueur d'une flamme brûlante ou du soleil levant » (XXII, 130 sq).

Enfin le héros est souvent associé à des animaux eux-mêmes constamment mis en rapport avec le soleil, tels que l'aigle et le lion. Quand le héros meurt et renaît sur un bûcher (Héraklès, Jeanne d'Arc), il réalise ce qui arrive tous les cinq cents ans à l'oiseau solaire de la mythologie, le phénix.

3. SOUVERAINETÉ DU HÉROS.

A ces traits solaires s'ajoutent des « éléments qui relèvent de la mystique du souverain ou du démiurge. Le héros « sauve » le monde, le renouvelle, inaugure une nouvelle étape »

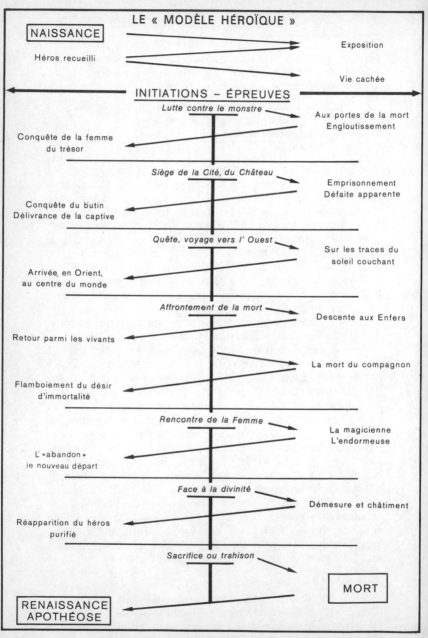

Essai de représentation (J.-C. Meylan et Ph. Sellier)

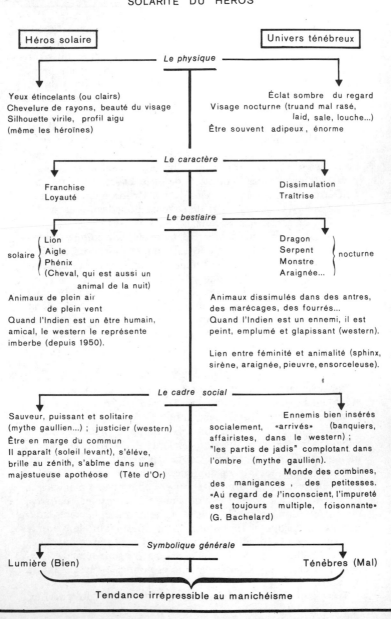

SOLARITÉ DU HÉROS

Héros solaire   Univers ténébreux

——————————————— Le physique ———————————————

Yeux étincelants (ou clairs)   Éclat sombre du regard
Chevelure de rayons, beauté du visage   Visage nocturne (truand mal rasé,
Silhouette virile, profil aigu   laid, sale, louche...)
(même les héroïnes)   Être souvent adipeux, énorme

——————————————— Le caractère ———————————————

        Franchise   Dissimulation
        Loyauté   Traîtrise

——————————————— Le bestiaire ———————————————

solaire { Lion   Dragon
         Aigle   Serpent   } nocturne
         Phénix   Monstre
         (Cheval, qui est aussi un   Araignée...
          animal de la nuit)
Animaux de plein air   Animaux dissimulés dans des antres,
         de plein vent   des marécages, des fourrés...
Quand l'Indien est un être humain,   Quand l'Indien est un ennemi, il est
amical, le western le représente   peint, emplumé et glapissant (western).
imberbe (depuis 1950).
                                             Lien entre féminité et animalité (sphinx,
                                             sirène, araignée, pieuvre, ensorceleuse).

——————————————— Le cadre social ———————————————

Sauveur, puissant et solitaire   Ennemis bien insérés
(mythe gaullien...) ; justicier (western)   socialement, «arrivés» (banquiers,
Être en marge du commun   affairistes, dans le western) ;
Il apparaît (soleil levant), s'élève,   "les partis de jadis" complotant dans
brille au zénith, s'abîme dans une   l'ombre (mythe gaullien).
majestueuse apothéose (Tête d'Or)   Monde des combines,
                                             des manigances, des petitesses.
                                             «Au regard de l'inconscient, l'impureté
                                             est toujours multiple, foisonnante»
                                             (G. Bachelard)

——————————————— Symbolique générale ———————————————

Lumière (Bien)   Ténèbres (Mal)

Tendance irrépressible au manichéisme

(M. Éliade, *Traité d'Hist. des Religions*, Paris, Payot, 2ᵉ éd., 1964, p. 135). Sa grandeur est telle qu'elle tend à l'imposer comme chef politique, s'il ne l'est pas dès le début du récit. C'est pourquoi ou bien le héros est originellement roi et reprend un trône qui lui est dû parce qu'il est le fils (inconnu) du roi (Œdipe, Thésée, Cyrus...), ou bien sa coexistence avec le pouvoir politique se révèle difficile, pleine de risques : dans l'*Iliade*, Agamemnon a beau être le « roi des rois », il fait pâle figure auprès d'Achille et ne se risque pas à le traiter en subordonné. Dans *Le Cid*, Corneille, entraîné par les suggestions de son imagination de l'héroïsme, éprouve quelque peine à faire entrer Rodrigue dans le cadre politique qui doit être le sien. Dans *Suréna*, le roi Orode a bien compris que la vie avec les héros est dangereuse pour les monarques : aussi fait-il assassiner Suréna.

Enfin, dans certains cas, le créateur du récit épique s'abandonne entièrement à la logique du « modèle » : alors, le héros tue le roi, dont la faiblesse, comparée à sa gloire, est dérisoire. C'est ce qui se produit dans *Tête d'Or* (Claudel).

Ce conflit entre le héros et le chef politique reproduit, dans l'ordre de la guerre, celui qui oppose, dans l'ordre religieux, le prophète au prêtre, l'inspiré de Dieu au fonctionnaire, l'âme incandescente à l'être mesquin. Le héros, comme le prophète, tend à être asocial, à échapper aux lois.

4. LE HÉROS ET L'UNIVERS FÉMININ.

Partiellement isolé des autres hommes par sa grandeur, comment le héros est-il imaginé dans son rapport aux jeunes et belles femmes qu'il rencontre?

Dans la plupart des cas, l'univers féminin se présente comme une menace pour la réalisation éclatante de l'œuvre héroïque : mollesse du nid, sortilèges de la courbe et de l'opulence, tiédeur, enlisement... La femme, pourtant, attire, semble ensorceler : aussi apparaît-elle souvent comme une magicienne (Circé dans l'*Odyssée*, Armide dans *La Jérusalem délivrée*, du Tasse). Longue serait la liste des amours éphémères auxquelles le héros échappe enfin dans un sursaut de volonté (Ulysse fuyant Circé, puis Calypso; Énée s'arrachant des bras de Didon pour aller fonder Rome; l'agent secret échappant aux charmes de la fascinante espionne et réussissant sa mission).

Très souvent la femme n'est que le repos du guerrier.

Celui-ci, après avoir passé auprès d'elle un temps de délices plus ou moins long, l'abandonne. Certains de ces « *abandons* » sont bien connus : Médée, Ariane...

> « Ariane, ma sœur, de quel amour blessée
> Vous mourûtes au bord où vous fûtes *laissée!* »
>
> (*Phèdre*, Racine).

De même dans *Jean-Christophe*, Anna représente pour l'accomplissement du héros une menace.

Bien que cette solution imaginaire de la rencontre du héros et de la femme semble de loin la plus fréquente, il en existe d'autres. La plus marquante est celle dont s'enchanta la France du XIIᵉ au XVIIᵉ siècle : les règles de la « courtoisie » avaient mis la femme en honneur. Il fallait donc concilier cette suzeraineté de la « dame » et l'appel du large propre à l'héroïsme. Sensible aux exploits guerriers, c'est la « dame » elle-même qui enverrait son « chevalier » au loin pour vérifier sa « vaillance ». Par d'éclatants hauts faits, celui-ci « mériterait » ses faveurs, la recevrait comme « prix » de son courage. Le désir amoureux attiserait l'héroïsme au lieu de le menacer.

Mais dans un cas comme dans l'autre, la femme est éblouie par le rayonnement du surhomme; les interdits sociaux ou moraux sont balayés. Médée trahit les siens par amour pour Jason; Périgouné, qui venait d'assister à l'assassinat de son père, « s'éprit *sur-le-champ* de Thésée et lui pardonna *avec joie* le meurtre de son odieux père en se donnant à lui » : ce texte de Plutarque *(Thésée)* indique de façon exemplaire où nous entraînent nos rêveries. Quand on vit dans un univers terne et qu'on rencontre le Soleil, on ne pense plus qu'à s'y brûler : la femme se précipite dans les bras lumineux du héros. La Ximena du *Romancero* espagnol *demande* à épouser le meurtrier de son père, Rodrigue, parce qu'il s'est couvert de gloire. La femme du roi Arthur, Guenièvre, se donne à Lancelot : le héros tend à se situer au-delà du bien et du mal. Comme l'a admirablement compris Antonin Artaud, les héros ou les dieux antiques « allaient droit leur chemin hors de nos petites distinctions humaines où tout se partage entre le mal et le bien, comme si le mal n'était pas de trahir sa nature et le bien de lui demeurer attaché, quelles qu'en soient les conséquences morales ». Ils possédaient « cette sorte d'amoralité fabuleuse qui appartient à la foudre qui frappe, comme aux bouillonnements d'un mascaret déchaîné » (*Œuvres complètes*, t. V, p. 48-49).

Une troisième issue est possible, qui met en évidence le plus précieux de la féminité. Le héros vit dans un univers de brutalité et de paroxysme : cette exaspération de la force virile est-elle en définitive si comblante? La femme peut alors apparaître comme la Sagesse ou, dans un univers chrétien, la Grâce, qui apporte la douceur, la réconciliation du héros avec lui-même, la sérénité, une autre sorte de joie que celle des triomphes guerriers. Telle apparaît en particulier la Princesse de *Tête d'Or*. La femme est ici unie intimement à l'apothéose du héros.

5. L'HÉROÏSME FÉMININ.

Bien que la rêverie héroïque crée presque toujours des figures masculines, puisque l'homme a la force physique et n'est pas entravé par certains aspects de la condition féminine (maternités...), il arrive que la geste héroïque soit accomplie par une femme. Évidemment l'imagination doit alors modeler un certain type féminin : souvent il s'agit d'une vierge insaisissable, d'une fille svelte, aiguë — tout le contraire de l'opulence, de la lourdeur ou des merveilleuses courbes qui enivrent le héros. Cette nécessité apparaît clairement dans la poésie de Saint-John Perse, où les conquérants, qui se sont arrachés aux mollesses maternelles, ont pour compagnes de minces guerrières qui savent « s'aiguiser sous le casque » *(Vents)*.

Ainsi Atalante, « exposée » dès sa naissance sur le mont Parthénion, fut nourrie par une ourse, puis recueillie par des chasseurs. Vierge, elle cribla de ses flèches les centaures Rhoecos et Hylaeos, qui avaient tenté de la violer. Elle participa à la mise à mort du monstrueux sanglier de Calydon, vainquit Pélée à la lutte. Très rapide à la course (comme tant de héros : Achille « aux pieds légers », Héraklès poursuivant pendant un an la biche de Cérynie...), elle épousa Mélanion, qui l'avait devancée sur le stade. Mais alors, tout naturellement, sa vie héroïque s'acheva.

Les récits qui concernent les Amazones projettent quelque lumière sur les difficultés de l'héroïsme féminin. Elles devaient couper un sein à leurs filles, pour que celles-ci ne fussent pas gênées dans la pratique de l'arc. D'autre part, leur condition leur joua plus d'un tour : le bon Hérodote raconte comment les Scythes en lutte avec elles réussirent à exciter leurs désirs amoureux et à obtenir leurs faveurs. La guerre était finie. Amenées à combattre des hommes, les héroïnes sont particulièrement vulnérables à leur attrait : elles finissent par succomber et s'effacent, sans apothéose.

Il est un cas, cependant, où la réalité a dépassé la fiction, c'est l'histoire de Jeanne d'Arc. Avec une déconcertante exactitude, les faits ont réalisé ce que l'imagination n'avait pu concevoir : la geste héroïque la plus pure qu'une femme ait vécue. Née d'une famille obscure, gardeuse de bêtes (comme David), Jeanne est choisie par Dieu. Après la vie cachée commence la vie publique; elle est « reconnue » par le roi à un « signe » demeuré secret. Ses victoires constituent son épiphanie héroïque. Elle est vierge. Elle est rayonnante. Un jour, elle est trahie (ainsi périssent bien des héros : Héraklès, Roland). Mais son bûcher, comme celui d'Héraklès, est le lieu de son apothéose. Il n'est pas étonnant qu'une foule d'œuvres ait orchestré cette « histoire », ce « mythe vrai ».

6. LE COMPAGNONNAGE HÉROÏQUE.

Quand l'imagination crée des figures héroïques, elle ne se borne pas nécessairement à présenter des êtres solitaires. Souvent le héros est accompagné d'un autre lui-même, d'un ami à toute épreuve. C'est le fameux thème du « double » : Gilgamesh et Enkidou, Achille et Patrocle, Roland et Olivier, Tête d'Or et Cébès, Jean-Christophe et Olivier, etc. De même, dans le roman policier ou le western, le héros est fréquemment assisté d'un ami fidèle : Sherlock Holmes n'est pas seul. Pourquoi ce « double »? Cette amitié virile confère un nouvel attrait au héros, lui permet de parler de lui-même ou d'accomplir de nouveaux exploits : on ne pouvait tout de même pas lui reconnaître le don d'ubiquité! Grâce à l'ami, des hauts faits interdits à un seul deviennent possibles. Mais surtout, ce couple errant de par le monde est bien plus attachant qu'un héros solitaire, même s'il s'agit d'une parodie de l'héroïsme (Don Quichotte et Sancho Pança).

Le créateur peut aussi constituer des groupes héroïques : les quatre fils Aymon, les trois mousquetaires de Dumas, l'équipe sportive ou militaire (le commando de parachutistes), l'équipage (*Le Cuirassé Potemkine*, d'Eisenstein), l'armée, le prolétariat messianique de tant d'œuvres épiques du socialisme.

Ainsi passe-t-on aisément de l'héroïsme individuel à l'héroïsme collectif.

« MODÈLE HÉROÏQUE » ET LITTÉRAIRE ÉPIQUE.

La rêverie héroïque s'exprime dans des œuvres littéraires qui constituent soit des épopées (au sens précis du terme), soit des fragments épiques.

Les épopées furent d'abord des poèmes, mais rien n'exigeait vraiment la forme versifiée. Chateaubriand le comprit, qui rédigea en prose *Les Martyrs* (1809), dont certaines pages sont demeurées célèbres (le combat des Francs...).

1. L'AGRANDISSEMENT ÉPIQUE.

L'épopée met en scène un *héros*, au sens défini précédemment, un être plus puissant que nature. D'où une première caractéristique : l'agrandissement épique. Le protagoniste sera plus grand (mais pas trop grand, sinon il prend les traits du colosse, du monstre), ou plus fort (mais non invulnérable, comme paraissent l'être tant de monstres à carapace... Lancelot et Tristan sont fréquemment blessés, Achille et Siegfried ont un point du corps vulnérable), ou plus endurant, ou plus noble, ou plus confiant en Dieu... Le créateur doit ici faire preuve d'un instinct très sûr : l'agrandissement épique est une nécessité imposée par le « modèle », mais les suggestions de celui-ci conduisent à maintenir la réalité simplement humaine du héros. « Loin de nous les héros sans humanité! » s'écrie Bossuet dans l'*Oraison funèbre de Condé*, dont d'importants passages développent ce thème. Ainsi toutes les victoires d'Achille n'éloignent pas celui-ci de l'univers humain, car tout le monde sait — et lui-même se livre à de pathétiques méditations (*Iliade*, XXI) — que l'illustre guerrier sera tué avant la prise de Troie. Il est non pas un homme-dieu, mais un homme divin (« le divin Achille », répète Homère); il appartient déjà *en quelque manière* à l'univers supra-humain.

2. LE MERVEILLEUX ÉPIQUE.

Cet homme divin semble tout naturellement un protégé des dieux, et de fait il l'est souvent. Les dieux (ou Dieu) interviennent pour assister celui qui est le fils ou le protégé de l'un d'entre eux. L'*Iliade* offre de nombreux exemples de ces interventions surnaturelles qui, familières aux hommes de l'époque et ressenties comme bienveillantes, constituent la substance du merveilleux épique. On pourrait parler du merveilleux antique (intervention des dieux : dans l'*Iliade*), du merveilleux celtique (les fées, les enchanteurs : dans les romans courtois), du merveilleux chrétien (Dieu, ses anges, ses saints : dans *La Chanson de Roland*, l'histoire de Jeanne d'Arc...). L'âge classique a condamné comme contraire à la grandeur de la foi l'emploi du merveilleux chrétien, malgré la réussite du Tasse et les tentatives françaises des années 1650-1670. C'est Chateaubriand qui osa le premier y revenir, dans *Les Martyrs* (1809) : mal lui en prit. Ses combats d'anges et de démons ne furent pas pour rien dans l'échec d'une épopée en prose qui n'était pas sans beautés. Il fallut peu à peu accepter l'évidence que, pour un lecteur d'aujourd'hui, le merveilleux chrétien ne saurait plus être qu'intérieur, constitué par les manifestations de la grâce telles qu'elles se laissent deviner chez un Bernanos ou un Bresson. Aux yeux d'Hugo et de certains modernes, pour qui les dieux sont morts, le merveilleux est partout : une vie immense et inconnue nous entoure ou se cache au fond de nous, elle peut à tout instant nous découvrir ses trésors et nous douer de connaissances et de moyens surhumains. Ce type de merveilleux règne dans un grand nombre d'œuvres surréalistes, mais n'y est guère lié à une vision épique.

3. L'ACTION ET LES PERSONNAGES.

Toute l'œuvre épique est écrite pour exalter le héros, qui domine de très haut les autres personnages. Affronté à ses rivaux, chef d'armée, attirant les femmes, contestant par sa valeur les pouvoirs politiques et la société, le héros côtoie des myriades d'êtres. C'est pourquoi le récit épique tend à évoquer d'innombrables personnages : des centaines de milliers de Sarrasins dans *La Chanson de Roland*. Mais parfois, comme en peinture, un artiste peut s'en tenir à un « détail » : le combat d'Olivier et de Roland, les médaillons épiques de Heredia, dans *Les Trophées* (1893). Au théâtre, le grand nombre des acteurs interdit de représenter les scènes de foule : force est donc de les raconter (*Le Cid, Mithridate, Athalie, Tête d'Or...*) ou, aujourd'hui, d'intercaler dans la pièce des séquences filmées, comme l'a fait à plusieurs reprises le dramaturge allemand Bertolt Brecht.

L'unité de l'œuvre est réalisée par le héros. Corneille l'a bien senti dans son *Horace*, qui ne répond pas aux critères classiques de l'unité d'action. Aussi a-t-il proposé de parler d'unité d'intérêt. Le héros affronte des dangers multiples, et l'épopée se présente comme un chapelet d'actions : il est clair que ses formes modernes se prêtent admirablement au découpage caractéristique du roman feuilleton ou des feuilletons télévisés *(Les Aventures de Thierry-la-Fronde, Les Incorruptibles)*.

Trop exaltée pour s'attarder à de minutieuses descriptions du cadre ou aux analyses psychologiques, la rêverie héroïque a besoin du mouvement, de la rapidité ou de l'adoration : elle s'exprime donc généralement en un récit rapide ou en des pauses lyriques.

Le départ doit s'effectuer « sur les chapeaux de roues » : les bons auteurs de romans policiers le savent bien. Nous sommes à l'opposé du roman balzacien.

4. Le « souffle » épique.

Une histoire de héros doit être *entraînante*. Elle l'est d'autant plus que son créateur a plus de puissance créatrice. Les qualités requises ici sont non plus la subtilité ou le goût classiques, mais la force impétueuse de l'imagination, le génie. Il faut accuser, mettre en valeur les *contrastes*, si importants dans le mythe héroïque : rien d'étonnant donc si des écrivains naturellement épiques comme Bossuet ou Hugo « pensent » par contrastes massifs, en noir et blanc, et s'attirent le reproche de manichéisme [1]. Tout récit héroïque tend à ce manichéisme : en face du justicier, le western campe des traîtres, des lâches, des voyous; le héros a un physique de héros, ses ennemis un aspect souvent repoussant.

L'exaltation de l'écrivain explique le *jaillissement d'images* souvent très fortes, comme en témoigne à lui seul le bestiaire de la rêverie héroïque (rapaces, grands fauves, reptiles, monstres, etc.), et *la rapidité du style* (sauf dans les pauses de célébration du héros).

5. Épique et tragique.

Les vies de héros, dominées par des alternances de morts apparentes et de renaissances, ont fourni la matière de nombreuses tragédies. Qu'on songe à Œdipe ou à Héraklès! Est-ce à dire qu'épique et tragique puissent être confondus?

---

1. Doctrine de Manès, appelé aussi Manichée (215-276) : elle attribuait la création du monde à deux principes : l'un bon, qui est Dieu, l'esprit ou la lumière, l'autre mauvais, qui est le Diable, la matière ou les ténèbres. Ainsi s'expliquait l'affrontement du bien et du mal.

Nullement. C'est seulement au prix d'un découpage dans le tissu du mythe et d'une distorsion que des héros ont pu apparaître comme *tragiques, c'est-à-dire écrasés par les forces de la fatalité*. L'auteur de tragédies représente la mort d'Héraklès comme une fin : le géant se révèle finalement vaincu, preuve que l'homme n'est rien, que toute vie est condamnée... Mais il s'agit là d'un abandon de la rêverie héroïque, car dans cette rêverie la mort d'Héraklès n'est en réalité qu'*apparente*, elle y constitue un triomphe. Certes l'*Épopée de Gilgamesh* s'achève en tragédie : mais il ne s'agit plus alors, à proprement parler, d'une épopée. Le récit, comme il arrive souvent dans l'Antiquité orientale, se fait étiologique, c'est-à-dire soucieux d'expliquer l'origine de la condition misérable des hommes. Il n'y a pas de tragique dans les vies de héros. Cela ne veut pas dire qu'ils ne souffrent pas : les scènes pathétiques abondent, mais jamais le lecteur ou le spectateur ne ressentent ce sentiment atterré (« la pitié et la terreur ») que cause le vrai tragique. On pressent que tout n'est pas perdu, que le héros va redresser la situation. Et il la redresse.

Si *Phèdre* offre un exemple de pur tragique, les grandes « tragédies » de Corneille sont en fait étrangères à l'univers tragique. Le supplice de Polyeucte est une apothéose héroïque. Ainsi se manifeste un fait capital : *les grandes modalités de la rêverie humaine (héroïque, tragique...) ne s'incarnent pas nécessairement dans les genres littéraires organisés par notre tradition pour chacune d'elles*. Le mythe héroïque peut surgir non seulement dans l'épopée, mais dans le drame, la « tragédie », le roman, le poème, le conte. C'est ainsi qu'il anime maints drames de la période révolutionnaire en France (1789-1800), le *Mithridate* de Racine (tragédie), *Le Chevalier des Touches* de Barbey d'Aurevilly (roman), plusieurs *Oraisons funèbres* de Bossuet... Il apparaît néanmoins que deux genres littéraires surtout sont appropriés à cette rêverie, qui se fait naturellement *récit* et évoque autour d'un *héros* aux *innombrables aventures* d'*innombrables personnages* : l'épopée et le roman, qui d'ailleurs demeurèrent pendant longtemps extrêmement proches (du Moyen Age au XVIIe siècle).

LA RÊVERIE HÉROÏQUE AUJOURD'HUI.

S'il est vrai, comme l'a dit G. Bachelard, que « l'imagination est toujours jeune », le mythe héroïque doit occuper, aujourd'hui comme hier, une place considérable dans les esprits. Il suffit de jeter un coup d'œil sur les tirages de romans policiers, de penser au succès persistant du western, d'inventorier les trouvailles de la publicité (le chevalier Ajax fonçant lance au poing contre la saleté, le lumineux contre le sombre et le repoussant) ou de la propagande politique (le héros révolutionnaire affrontant l'hydre bourgeoise aux têtes sans cesse renaissantes : tête de Gaulle, tête Pompidou, tête Poher...), de songer au modèle américain du *self-made man*, de l'homme obscur, parti de rien, qui se révèle au monde, pour constater qu'effectivement nous continuons à nous enchanter d'héroïsme. Il va de soi que *chacun de nous s'identifie au héros :* quand nous applaudissons aux exploits du cow-boy héroïque, nous oublions un moment nos limites pour célébrer secrètement *une force dont nous rêvons qu'elle est la nôtre.*

A ce premier constat, il faut en ajouter un autre : les deux grandes visions du monde qui dominent aujourd'hui la planète, le christianisme et le socialisme marxiste, pratiquent un appel constant au mythe héroïque.

1. Christianisme et « modèle héroïque ».

La religion chrétienne propose à l'homme ce que l'Église orthodoxe appelle la *déification.* Cet être fragile est appelé à devenir un dieu par adoption. La voie de cette métamorphose est assurément toute différente de l'exaltation héroïque, puisqu'elle s'appelle humilité et identification au cœur de Dieu. Mais le Dieu chrétien a payé de lui-même : le Christ, s'étant fait homme, a porté à son achèvement la Révélation de la Transcendance et offert un modèle au comportement de ses fidèles. Or la vie que le Christ a choisie est une vie héroïque. Annoncé par des prophéties et des songes, né de Dieu et d'une mortelle, la Vierge Marie, il mène pendant trente ans une « vie cachée ». Néanmoins des « signes » laissent déjà transparaître sa grandeur plus qu'humaine : à douze ans, il confond les docteurs du temple par sa sagesse. Une « épreuve » (les tentations au désert, la lutte contre le démon) marque le début de sa vie publique. Après d'innombrables « faits » épiphaniques (miracles...), il est victime de ses ennemis, paraît abandonné sur son gibet, mais la mort va céder (après la « descente aux enfers ») devant le retour lumineux à une vie éternelle et l'ascension-apothéose par lesquels il *sauve* ses disciples. Pour le chrétien, une telle conformité au modèle héroïque constitue une occasion supplémentaire de célébrer la Sagesse d'un Dieu qui, connaissant les secrets de l'esprit de ses créatures, s'incarne de façon à réaliser historiquement les plus profonds rêves humains et à fasciner. Il faut par ailleurs souligner l'originalité irréductible de cet *homme-Dieu*, le Christ.

Avec sa dialectique de l'abaissement et de la victoire, de la mort et de la vie, ses célébrations du Christ et des chrétiens comme des soleils ou des étoiles..., toute la Bible fait appel à la rêverie héroïque.

2. MARXISME ET HÉROÏSME.

L'une des affirmations capitales de Marx, la lutte des classes, a grandement bénéficié des sortilèges de l'imagination. La rêverie héroïque est *en fait* au cœur du marxisme : le monde a été divisé en deux camps (c'est le manichéisme épique), les bons et les méchants, la bourgeoisie et le prolétariat.

Le prolétariat est investi par Marx d'un rôle quasi messianique. Il a vécu longtemps obscur et méprisé, mais des prophètes (Marx, Engels...) ont annoncé son avenir radieux. Il anéantira les exploiteurs, prendra le pouvoir et réalisera l'avènement du communisme (disparition des classes, dépérissement de l'État, abondance pour tous). Il est *sauveur*.

L'adversaire, c'est *le bourgeois*, substitut évident du monstre des Fables antiques. L'assimilation a été facilitée par le fait que, dans la réalité, la bourgeoisie incarnait exactement le contraire des idéaux héroïques : aux exploits nobles du héros (prouesses libératrices, combat pour la justice, consécration à l'art...) elle opposait des activités intéressées (commerce, industrie...), comme l'a montré Vigny dans *Chatterton* (1835). Le héros se situait par-delà le bien et le mal : le bourgeois, lui, affectait un puritanisme hypocrite, s'attachait à la respectabilité. A l'isolement héroïque faisaient face les familles, les dynasties bourgeoises, les coalitions d'intérêt : tel est le thème de plusieurs westerns. Mais c'est peut-être par leur attitude à l'égard de l'argent que héros et bourgeois diffèrent le plus. Le héros est indifférent au profit, c'est le contraire d'un comptable (*Tête d'Or* oppose Simon Agnel aux petits affairistes). Pour le bourgeois, le veau d'or est toujours debout. La société capitaliste conserve pour objectif essentiel le profit. En refusant ce primat de l'argent, le socialisme proposait un idéal qui ne pouvait que rencontrer l'idéal héroïque. Comme

Permanence de la rêverie héroïque :
affiche chinoise célébrant le « bond
en avant » de la République populaire
de Chine.

l'a fermement souligné A. Malraux : « Par la suppression de l'importance donnée à l'argent, l'U. R. S. S. trouve le héros positif, c'est-à-dire ce que fut toujours le héros vivant : celui qui engage sa vie pour d'autres hommes. L'absence d'argent interposé rend au fait héroïque toute sa force primitive, celle qu'il aurait dans la guerre si le marchand de canons n'existait pas et si la guerre ne profitait à personne — celle de Prométhée » (« L'attitude de l'artiste », dans *Commune*, novembre 1934, p. 172-173).

Or effectivement les pays socialistes accordent une place considérable aux thèmes héroïques. A la Bibliothèque Nationale (Paris), près de la moitié des livres consacrés au héros sont russes et postérieurs à la Révolution de 1917. Quiconque connaît les films des grands réalisateurs soviétiques peut apprécier leur caractère épique : *Le Cuirassé Potemkine* (1925), *Alexandre Nevski* (1939), d'Eisenstein, etc. Les affiches russes ou chinoises ne sont pas moins parlantes. On y célèbre les « héros du travail », « le peuple héroïque du Viet-Nam » (en face du monstre américain : David contre Goliath!).

Ces brèves indications suffisent à mettre en lumière que les plus belles synthèses, si justes soient-elles, ne sauraient ébranler de grandes masses d'hommes si les idées qu'elles développent ne sont pas portées par les puissants courants de l'Imagination, courants qui empruntent pour s'écouler à peu près toujours les mêmes lits. Cette permanence explique le privilège dont jouit l'étude de l'imaginaire : la continuelle actualité. En considérant les fictions sur Héraklès ou les pièces de Corneille, nous apprenons comment rêve l'homme aujourd'hui.

● CHAPITRE II

CINQ TEXTES ANTIQUES

C'est surtout de l'étude d'œuvres antérieures à l'ère chrétienne qu'a procédé la découverte des structures du « modèle héroïque » : grandes épopées de l'Inde ou de l'Assyro-Babylonie, fragments épiques de la Bible, mythologies grecque et latine, etc. Plus notre connaissance des diverses civilisations a progressé, plus s'est affirmée la solidité du schéma héroïque.

Pourquoi, dès lors, ne pas avoir évoqué toutes ces productions? Parce que le lecteur aurait pu se perdre parmi tant d'œuvres dont beaucoup ne lui sont pas familières. Mieux valait s'en tenir aux deux grands centres culturels les plus connus : le centre juif et le centre grec.

Parmi les écrits juifs, la Bible est accessible à tous. Or elle contient de nombreux fragments épiques : récit de l'exode (repris dans plusieurs westerns), figure lumineuse de Moïse, histoire de Samson, vie de David... Plusieurs psaumes sont de splendides célébrations héroïques.

La rêverie épique des Grecs a donné naissance à des œuvres beaucoup plus dispersées : des poèmes d'Homère (IXe siècle av. J.-C.) et d'Hésiode (VIIIe siècle av. J.-C.) aux commentaires byzantins du XIIe siècle apr. Jésus-Christ, en passant par les grandes tragédies du Ve siècle avant notre ère (Eschyle, Sophocle, Euripide), par les célébrations des héros dues à

Pindare (521-441), par les récits d'Hérodote et d'une foule d'autres écrivains. Une partie importante de la littérature grecque se trouve ainsi animée par le « modèle héroïque ». Dans cet ensemble touffu de récits aux multiples variantes dominent trois cycles : celui de Jason, celui de Thésée et surtout celui, exemplaire entre tous, d'Héraklès (Hercule). Les écrivains latins ont repris l'essentiel de la mythologie grecque, notamment Virgile (70-19 av. J.-C.), auteur de l'*Énéide*, vaste fresque épique sur les origines de Rome, et Ovide (43-16 av. J.-C.), dont les *Métamorphoses* constituent une mine pour ceux qui s'intéressent aux anciens mythes.

Les cinq fragments de vies héroïques de l'Antiquité cités ici permettent de mettre en relief bien des aspects du « modèle » : grande naissance, vie cachée, signes et reconnaissance, défi, combat singulier, affrontement du monstre, féminisation (provisoire) du héros, apothéose.

● Naissance, vie cachée et reconnaissance de Cyrus (575-565)

[LES PRÉSAGES]

Il naquit à Astyage, roi des Mèdes, une fille, qu'il nomma Mandane. Il s'imagina en dormant qu'elle urinait en si grande abondance, que sa capitale et l'Asie entière en étaient inondées. Ayant communiqué ce songe à ceux d'entre les Mages qui faisaient profession de les interpréter, il fut effrayé des détails de leur explication et il le fut au point que lorsque sa fille fut nubile, il ne voulut pas lui donner pour époux un Mède distingué par sa naissance; mais il lui fit épouser un Perse, nommé Cambyse, qu'il connaissait pour un homme d'une grande maison [1] et de mœurs douces et tranquilles; parce qu'il le regardait comme bien inférieur à un Mède de médiocre condition.

La première année du mariage de Cambyse avec Mandane, Astyage eut un autre songe. Il lui sembla

---

1. Cambyse, tout en étant vassal du roi des Mèdes, avait en réalité dans son pays un rang royal.

que du sexe de sa fille poussait un cep de vigne qui couvrait toute l'Asie. Ayant communiqué ce songe aux interprètes, il fit venir de Perse Mandane, sa fille, qui était enceinte et proche de son terme. Aussitôt après son arrivée, il la fit garder, dans le dessein de faire périr l'enfant dont elle serait mère; les Mages, interprètes des songes lui ayant prédit, d'après cette vision, que l'enfant qui naîtrait de cette Princesse, régnerait un jour à sa place.

[L'EXPOSITION]

Comme Astyage se tenait en garde contre cet événement, Cyrus fut à peine né, qu'il manda Harpage, son parent, celui de tous les Mèdes qui lui était le plus attaché, et sur lequel il se reposait du soin de toutes affaires. « Harpage, lui dit-il, exécute fidèlement l'ordre que je vais te donner, sans chercher à me tromper, de crainte qu'en t'attachant à d'autres maîtres que moi, tu ne travailles à ta propre perte. Prends l'enfant qui vient de naître à Mandane, porte-le dans ta maison, fais-le mourir, et inhume-le ensuite comme il te plaira... »

Harpage envoya sur-le-champ un messager à celui des bouviers d'Astyage qu'il savait mener ses troupeaux dans les meilleurs pâturages, et sur les montagnes les plus fréquentées par les bêtes sauvages. Il s'appelait Mitradatès; sa femme, esclave d'Astyage, ainsi que lui, se nommait Spaco... Le bouvier, que l'on avait mandé en diligence étant arrivé, Harpage lui parla ainsi : « Astyage te commande de prendre cet enfant, et de l'exposer sur la montagne la plus déserte, afin qu'il périsse promptement. Il m'a ordonné aussi de te dire que, si tu ne le fais pas mourir, et que tu lui sauves la vie de quelque manière que ce soit, il te fera périr par le supplice le plus cruel. Ce n'est pas tout : il veut encore que je sache par moi-même si tu as exposé cet enfant. »

Dès que Mitradatès fut de retour, sa femme surprise de le voir au moment qu'elle s'y attendait le moins, lui parla la première, et voulut savoir pourquoi Harpage l'avait envoyé chercher avec tant d'empressement. « Ma femme, lui dit-il, je n'ai pas plutôt été dans la ville, que j'ai vu et entendu des choses que je voudrais bien n'avoir ni vues ni entendues, et plût aux dieux qu'elles ne fussent jamais arrivées à nos maîtres ! Toute la maison d'Harpage était en pleurs ; frappé d'effroi, je pénètre dans l'intérieur, je vois à terre un enfant qui pleurait, qui palpitait. Il était couvert de drap d'or et de langes de diverses couleurs. Harpage ne m'eut pas plutôt aperçu qu'il me commanda d'emporter promptement cet enfant, et de l'exposer sur la montagne la plus fréquentée par les bêtes féroces : il m'a assuré que c'était Astyage lui-même qui me donnait cet ordre, et m'a fait de grandes menaces si je manquais à l'exécuter. J'ai donc pris cet enfant et l'ai emporté, croyant qu'il était à quelqu'un de sa maison ; car je n'aurais jamais imaginé quel était son véritable père. J'étais cependant étonné de le voir couvert d'or et de langes si précieux. Je ne l'étais pas moins de voir toute la maison d'Harpage en pleurs. Enfin, chemin faisant, j'ai bientôt appris du domestique qui m'a accompagné hors de la ville, et qui m'a remis l'enfant, qu'il est à Mandane, fille d'Astyage, et à Cambyse, fils de Cyrus, et qu'Astyage ordonne qu'on le fasse mourir. Le voici cet enfant ».

[LE SALUT]

En achevant ces mots, Mitradatès découvre l'enfant, et le montre à sa femme. Charmée de sa grandeur et de sa beauté, elle embrasse les genoux de son mari, et le supplie, les larmes aux yeux, de ne point exposer cet enfant. « Il lui dit qu'il ne pouvait s'en dispenser, qu'il devait venir des surveillants de la part d'Harpage, et que s'il n'obéissait pas, il périrait de la manière la plus cruelle ». Spaco, voyant que ces discours ne faisaient aucune impression sur son mari, reprit la parole : « Puisque je ne saurais, dit-elle, te persuader, et qu'il faut absolument qu'on voie un enfant exposé, fais du moins ce que je vais te dire. Je suis accouchée d'un enfant mort, va le porter sur la montagne, et nourrissons celui de la fille d'Astyage, comme s'il était à nous. Par ce moyen, on ne pourra te convaincre d'avoir offensé tes maîtres, et nous aurons pris un bon parti : notre enfant mort aura une sépulture royale, et celui qui reste ne perdra point la vie. »

Le bouvier sentit que, dans cette conjoncture, sa femme avait raison, et sur-le-champ, il suivit son conseil. Il lui remet l'enfant qu'il avait apporté pour le faire mourir, prend le sien qui était mort, le met dans le berceau du jeune prince, avec tous ses ornements, et va l'exposer sur la montagne la plus déserte. Le troisième jour après, ayant laissé pour garder le corps un de ceux qui avaient soin des troupeaux sous ses ordres, il alla à la ville, et s'étant rendu chez Harpage, il lui dit qu'il était prêt à lui montrer le corps mort de l'enfant. Harpage ayant envoyé avec lui ses gardes les plus affidés fit, sur leur rapport, donner la sépulture au fils de Mitradatès. A l'égard du jeune prince, Spaco en prit soin et l'éleva. Elle ne lui donna pas pour nom Cyrus, mais lui attribua un nom quelconque.

[LA RECONNAISSANCE]

Cet enfant, étant âgé de dix ans, eut une aventure qui le fit reconnaître. Un jour que dans le village où étaient les troupeaux du roi, il jouait dans la rue avec d'autres enfants de son âge, ceux-ci l'élurent pour leur roi, lui qui était connu sous le nom de fils du bouvier. Il distribuait aux uns les places d'intendants de ses bâtiments, aux autres celles de gardes du corps ; celui-ci était l'œil du roi [1], celui-là devait lui présenter les requêtes des particuliers : chacun avait son emploi, selon ses talents et le jugement qu'en portait Cyrus. Le fils d'Artembarès, homme de distinction chez les Mèdes, jouait avec lui. Comme il avait refusé d'exécuter ses ordres, Cyrus le fit saisir par les autres enfants, et maltraiter à coups de verges. On ne l'eut pas plutôt relâché, qu'outré d'un traitement si indigne de sa naissance, il alla à la ville porter ses plaintes à son père contre Cyrus. Ce n'est pas qu'il lui

---

1. « Œil du roi » était la désignation courante des espions royaux, des hommes de confiance du souverain.

donnât ce nom; Cyrus ne le portait point encore; mais il l'appelait le fils du bouvier d'Astyage. Dans la colère où était Artembarès, il alla trouver le roi, avec son fils, et se plaignit du traitement odieux qu'il avait reçu. « Seigneur, dit-il, en découvrant les épaules de son fils, c'est ainsi que nous a outragés un de vos esclaves, le fils de votre bouvier. »

A ce discours, à cette vue, Astyage voulant venger le fils d'Artembarès, par égard pour le père, envoya chercher Mitradatès, et son fils. Lorsqu'ils furent arrivés : « Comment, dit le prince à Cyrus, en le regardant, étant ce que tu es, as-tu eu l'audace de traiter d'une manière si indigne le fils d'un des premiers de ma Cour? — Je l'ai fait, Seigneur, avec justice, répondit Cyrus. Les enfants du village, du nombre desquels il était, m'avaient choisi en jouant pour être leur roi; je leur en paraissais le plus digne : tous exécutaient mes ordres. Le fils d'Artembarès n'y eut aucun égard, et refusa de m'obéir. Je l'en ai puni; si cette action mérite quelque châtiment, me voici prêt à le subir. »

La ressemblance des traits de cet enfant avec les siens, sa réponse noble, son âge qui s'accordait avec le temps de l'exposition de son petit-fils, tout concourait en un mot à le faire reconnaître d'Astyage. Frappé de ces circonstances, ce prince demeura quelque temps sans pouvoir parler.

(Hérodote, *Enquête*, trad. Larcher.)

● David contre Goliath

[GOLIATH DÉFIE L'ARMÉE ISRAÉLITE]

Les Philistins rassemblèrent leurs troupes pour la guerre, ils se concentrèrent à Soko, ville de Juda, et campèrent entre Soko et Azéqa, à Ephès-Dammim. Saül [1] et les Israélites se concentrèrent et campèrent dans la vallée du Térébinthe et ils se rangèrent en bataille face aux Philistins. Les Philistins occupaient

---

1. L'épisode a lieu sous le règne de Saül (1030-1010 av. J.-C.). Comme toujours le roi se méfiera ensuite du héros, qui d'ailleurs deviendra roi.

la montagne d'un côté, les Israélites occupaient la montagne de l'autre côté, et la vallée était entre eux.

Un homme des troupes de choc sortit des rangs philistins. Il s'appelait Goliath, de Gat, et sa taille était de six coudées et un empan [1]. Il avait sur la tête un casque de bronze et il était revêtu d'une cuirasse à écailles; la cuirasse pesait cinq mille sicles [2] de bronze. Il avait aux jambes des jambières de bronze, et une javeline de bronze entre les épaules. Le bois de sa lance était comme une ensouple [3] de tisserand et la pointe de sa lance pesait six cents sicles de fer. Le porte-bouclier marchait devant lui.

Il se campa devant les lignes israélites et leur cria : « Pourquoi êtes-vous sortis pour vous ranger en bataille? Ne suis-je pas, moi, le Philistin, et vous, n'êtes-vous pas les serviteurs de Saül? Choisissez-vous un homme et qu'il descende vers moi. S'il l'emporte en luttant avec moi et s'il me tue, alors nous serons vos serviteurs; si je l'emporte sur lui et si je le tue, alors vous deviendrez nos serviteurs, vous nous serez asservis. » Le Philistin dit aussi : « Moi, j'ai lancé aujourd'hui un défi aux lignes d'Israël. Donnez-moi un homme, et que nous nous mesurions en combat singulier ! » Quand Saül et tout Israël entendirent ces paroles du Philistin, ils furent consternés et ils eurent très peur...

[DAVID S'OFFRE POUR RELEVER LE DÉFI]

David dit à Saül : « Que personne ne perde courage à cause de lui. Ton serviteur ira se battre contre ce Philistin». Mais Saül répondit à David : «Tu ne peux pas marcher contre ce Philistin pour lutter avec lui, car tu n'es qu'un enfant, et lui, il est un homme de guerre depuis sa jeunesse. »

Mais David dit à Saül : « Quand ton serviteur faisait paître les brebis de son père et que venait un lion ou un ours qui enlevait une brebis du troupeau,

---

1. *Coudée :* environ 50 cm. *Empan :* environ 22 cm (distance de l'extrémité du pouce à celle du petit doigt, quand la main est étendue pour mesurer). On notera l'exagération épique et la minutie plaisante (« et un empan »).

2. *Sicle :* poids et monnaie hébraïques (environ 6 grammes).

3. *Ensouple :* cylindre du métier à tisser.

je le poursuivais, je le frappais et j'arrachais celle-ci de sa gueule. Et s'il se dressait contre moi, je le saisissais par les poils du menton et je le frappais à mort. Ton serviteur a tué le lion et l'ours, il en sera de ce Philistin incirconcis comme de l'un d'eux, puisqu'il a défié les troupes du Dieu vivant. »

David dit encore : « Yahvé qui m'a sauvé de la griffe du lion et de l'ours me sauvera des mains de ce Philistin. » Alors Saül dit à David : « Va et que Yahvé soit avec toi ! »

Saül revêtit David de sa tenue militaire, lui mit sur la tête un casque de bronze et lui fit endosser une cuirasse. Il ceignit David de son épée, par-dessus sa tenue, mais David essaya vainement de marcher, car il n'était pas entraîné, et il dit à Saül : « Je ne puis pas marcher avec cela, car je ne suis pas entraîné. » On l'en débarrassa donc.

[LE COMBAT SINGULIER]

David prit son bâton en main, il se choisit dans le torrent cinq pierres bien lisses et les mit dans son sac de berger, sa giberne, puis, la fronde à la main, il marcha vers le Philistin. Le Philistin s'approcha de plus en plus près de David, précédé du porte-bouclier. Le Philistin tourna les yeux vers David et, lorsqu'il le vit, il le méprisa car il était jeune — il était roux, un jeune homme de belle apparence. Le Philistin dit à David : « Suis-je un chien pour que tu viennes contre moi avec des bâtons? » et le Philistin maudit David par ses dieux. Le Philistin dit à David : « Viens vers moi, que je donne ta chair aux oiseaux du ciel et aux bêtes des champs! » Mais David répondit au Philistin : « Tu marches contre moi avec épée, lance et javelot, mais moi, je marche contre toi au nom de Yahvé Sabaoth[1], le Dieu des troupes d'Israël que tu as défiées. Aujourd'hui, Yahvé te livrera en ma main, je te tuerai, je te décapiterai, je donnerai aujourd'hui même ton cadavre et les cadavres de l'armée philistine aux oiseaux du ciel et aux bêtes

---

1. *Yahvé Sabaoth* : Yahvé, nom du Dieu des Hébreux. Sabaoth est traduit généralement par « des armées ».

sauvages. Toute la terre saura qu'il y a un Dieu en Israël, et toute cette assemblée saura que ce n'est pas par l'épée ni par la lance que Yahvé donne la victoire, car Yahvé est maître du combat et il vous livre entre nos mains. »

Dès que le Philistin s'avança et marcha au-devant de David, celui-ci sortit des lignes et courut à la rencontre du Philistin. Il mit la main dans son sac et en prit une pierre qu'il tira avec la fronde. Il atteignit le Philistin au front; la pierre s'enfonça dans son front et il tomba la face contre terre. Ainsi David triompha du Philistin avec la fronde et la pierre : il frappa le Philistin et le fit mourir; il n'y avait pas d'épée entre les mains de David. David courut et se tint debout sur le Philistin; saisissant l'épée de celui-ci, il la tira du fourreau, il acheva le Philistin et lui trancha la tête.

Les Philistins, voyant que leur champion était mort, s'enfuirent. Les hommes d'Israël et de Juda se mirent en mouvement, poussèrent le cri de guerre et poursuivirent les Philistins jusqu'aux approches de Gat et jusqu'aux portes d'Eqrôn. Des morts philistins jonchèrent le chemin depuis Shaarayim jusqu'à Gat et Eqrôn. Les Israélites revinrent de cette poursuite acharnée et pillèrent le camp philistin. David prit la tête du Philistin et l'apporta à Jérusalem; quant à ses armes, il les mit dans sa propre tente.

[DAVID VAINQUEUR EST PRÉSENTÉ A SAÜL]

En voyant David partir à la rencontre du Philistin, Saül avait demandé à Abner, le chef de l'armée : « De qui ce jeune homme est-il le fils, Abner? » Et Abner répondit : « Aussi vrai que tu es vivant, ô roi, je n'en sais rien. » Le roi dit : « Informe-toi de qui ce garçon est le fils. »

Lorsque David revint d'avoir tué le Philistin, Abner le prit et le conduisit devant Saül, tenant dans sa main la tête du Philistin. Saül lui demanda : « De qui es-tu le fils, jeune homme? » David répondit : « De ton serviteur Jessé le Bethléemite. »

(1 *Samuel*, XVII, 1-11 et 32-57 - Trad. de Vaux).

● Héraklès et l'Hydre de Lerne

Le deuxième des Travaux exigés par Eurysthée [1] fut de tuer l'Hydre de Lerne, monstre né de Typhon et d'Échidna et élevé par Héra [2] pour mettre Héraklès en péril.

Lerne se trouve près de la mer, à quelque neuf kilomètres de la cité d'Argos. A l'ouest se dresse le mont Pontinos, avec son bois de platanes sacrés qui s'incline vers la mer. Dans ce bois, bordé d'un côté par le fleuve Pontinos — sur les bords duquel Danaos dédia un autel à Athéna — et de l'autre, par le fleuve Amymoné, se dressent les statues de Déméter, Dionysos Sauveur et Prosymné, une des nourrices d'Héra, et, près du rivage, une statue de pierre d'Aphrodite, dédiée à la déesse par les Danaïdes. Chaque année, des rites nocturnes secrets se tenaient à Lerne en l'honneur de Dionysos qui était descendu au Tartare à cet endroit pour aller chercher Sémélé, et, non loin de là, étaient célébrés les Mystères de Déméter Lernéenne, dans une enceinte qui marquait l'emplacement où Hadès et Perséphone descendirent, eux aussi, au Tartare.

Cette région fertile à la fois et sacrée vivait dans la terreur de l'Hydre, dont le repaire se trouvait sous un platane à la septuple source du fleuve Amymoné et qui hantait les marais sans fond de Lerne et le lac Alcyonien, qui se trouvait dans le voisinage — l'empereur Néron essaya d'y faire un sondage et échoua. Ces marais sont devenus le tombeau de bien des voyageurs imprudents. L'Hydre avait un corps de chien, huit ou neuf têtes de serpents, dont l'une était immortelle, mais, selon certains, elle en avait cinquante, ou cent, et l'on va même jusqu'à prétendre qu'elle avait dix mille têtes. En tout cas, le poison qu'elle répandait était si fort que son haleine seule ou l'odeur laissée après son passage suffisait à faire mourir.

---

1. Roi d'Argolide. L'oracle de Delphes avait ordonné à Héraklès de se mettre à son service. Ce roi est présenté comme médiocre et tremblant devant le héros.
2. Héra, femme de Zeus, en voulait à Héraklès, fils de Zeus et d'une mortelle Alcmène.

Athéna avait médité sur le meilleur moyen pour Héraklès de venir à bout de ce monstre, et, lorsqu'il arriva à Lerne, Iolaos conduisant son char, elle lui indiqua le repaire de l'Hydre. Sur son conseil, il força l'Hydre à sortir en lui lançant des flèches embrasées puis, retenant son souffle, il s'empara d'elle. Mais le monstre s'enroula autour de ses pieds pour essayer de le faire tomber. C'est en vain qu'avec sa massue il lui assénait des coups sur la tête : à peine en avait-il écrasé une que deux ou trois autres repoussaient à sa place.

Un crabe géant sortit du marais pour venir en aide à l'Hydre et mordit au pied Héraklès, qui, furieux, l'écrasa dans sa carapace et appela Iolaos à son secours. Iolaos mit le feu à un côté du bois, puis, pour empêcher l'Hydre de faire renaître de nouvelles têtes, il cautérisa les chairs à leur racine avec des brandons et réussit ainsi à arrêter le sang.

Alors, avec une faux ou une serpe d'or, Héraklès décapita la tête immortelle, dont une partie était en or, et l'enterra toute vivante encore de sifflements terribles, sous un lourd rocher près de la route d'Élacos. Il arracha les entrailles du cadavre et trempa ses flèches dans son venin ; et, depuis lors, la moindre blessure de l'une d'elles est irrémédiablement mortelle.

Pour récompenser le crabe de ses services, Héra le mit au nombre des douze signes du Zodiaque ; quant à Eurysthée, il ne voulut pas considérer ce Travail comme régulièrement accompli, à cause de l'intervention d'Iolaos qui avait apporté les brandons.

(Textes d'auteurs grecs, réunis par R. Graves, *Les Mythes grecs*, p. 369-370.)

● **Héraklès et Omphale**

Omphale [1] avait acheté Héraklès comme amant, plutôt que comme guerrier...

Des nouvelles parvinrent en Grèce annonçant

1. *Omphale* : reine de Lydie. Diodore de Sicile raconte que, voyant les exploits d'Héraklès, elle s'éprit du héros et lui fit couler ses jours dans la mollesse.

qu'Héraklès avait quitté sa peau de lion et sa couronne de tremble et portait maintenant des colliers de pierreries, des bracelets d'or, un turban de femme, un châle pourpre et une ceinture maeonienne. Il passait son temps, disait-on, entouré de jeunes filles lascives et débauchées filant et tissant la laine; et qu'il tremblait lorsque sa maîtresse le grondait parce qu'il s'y prenait mal. Elle le frappait de sa pantoufle d'or quand ses gros doigts malhabiles écrasaient le fuseau, et lui faisait raconter, pour la distraire, ses exploits passés; mais il n'en éprouvait apparemment aucune honte. C'est pourquoi certains peintres montrent Héraklès habillé d'une robe jaune et se faisant coiffer et faire les mains par les femmes de chambre d'Omphale, tandis qu'elle, revêtue de sa peau de lion, tient sa massue et son arc.

(Textes d'auteurs grecs et latins réunis par R. Graves, *Les Mythes grecs*, p. 413.)

● L'apothéose d'Héraklès

Lorsque les flammes commencèrent à s'élever, Héraklès étendit sa peau de lion sur la plate-forme au sommet du bûcher [1] et il s'étendit, faisant de sa massue un oreiller pour sa tête; son visage était empreint de la sérénité heureuse d'un convive, couronné de fleurs, entouré de coupes emplies de vin. La foudre alors tomba du ciel sur le bûcher et, d'un seul coup, le réduisit en cendres.

Dans l'Olympe, Zeus était heureux que son fils préféré se fût comporté de façon aussi noble. « La partie immortelle d'Héraklès, annonça-t-il, est à l'abri de la mort et je l'accueillerai bientôt dans cette région bienheureuse. Mais si quelqu'un ici s'afflige de cette divinisation, si magnifiquement méritée, dieu ou

---

1. Désireux d'offrir un sacrifice à Zeus, son père, Héraklès avait demandé à sa femme Déjanire de lui faire parvenir une tunique neuve. Celle-ci lui envoya une tunique empoisonnée qui s'attacha à la peau du héros en lui causant d'intolérables douleurs. Héraklès fit édifier un bûcher sur le mont Oeta, pour y mourir.

déesse, il devra néanmoins l'approuver, que cela lui plaise ou non! »...

La foudre avait consumé la partie mortelle d'Héraklès. Sa ressemblance avec Alcmène l'avait quitté, comme un serpent qui rejette sa peau, et toute la majesté de son divin père se répandit sur sa personne. Un nuage le ravit à la vue de ses compagnons tandis que, dans le fracas du tonnerre, Zeus l'enlevait au Ciel sur un char tiré par quatre chevaux; Athéna le prit alors par la main et le présenta solennellement à ses amis les dieux.

Zeus destinait Héraklès à faire partie des Douze Olympiens, mais il ne voulait exclure aucun des dieux qui étaient déjà là pour lui faire une place. Il persuada donc Héra d'adopter Héraklès par la cérémonie de la seconde naissance : c'est-à-dire de se mettre au lit, de simuler un accouchement, puis de le faire sortir de dessous sa jupe — ce qui était encore dans l'Antiquité le rituel de l'adoption pratiqué dans les tribus barbares. Depuis lors, Héra considéra Héraklès comme son fils et l'aima après Zeus. Tous les Immortels furent heureux d'accueillir Héraklès, et Héra lui accorda la main de sa fille Hébé qui lui donna Alexiarès et Anicétos...

Mais, tandis qu'Héraklès immortel festoie à la table des dieux, son fantôme mortel se promène majestueusement au Tartare dans le chuchotement des morts, l'arc tendu, la flèche fixée à sa corde. Sur l'épaule, son baudrier d'or aux figures gravées de lions terrifiants, d'ours, de sangliers et bordé de scènes de batailles et de meurtres.

(Textes d'auteurs grecs réunis par R. Graves, *Les Mythes grecs*, p. 441-442.)

● CHAPITRE III

L'HÉROÏSME CHEVALERESQUE (XIIe-XVIe SIÈCLES)

Notre littérature, comme tant d'autres, a commencé par l'épopée. Il dut y avoir des chansons de geste dès l'aube du XIIe siècle, et le genre demeura en vogue pendant trois cents ans. Au XVe siècle ces poèmes furent mis en prose et devinrent des romans qui firent les délices des nobles, puis (à partir du XVIIe siècle) du peuple, avant de marquer le romantisme.

Dès le XIIIe ou le XIVe siècle, cette centaine d'ouvrages fut répartie en trois cycles, selon le personnage (ou le lignage) qui occupe la première place :

1) La geste du roi, dominée par Charlemagne (*La Chanson de Roland...*, le féerique *Huon de Bordeaux...*).

2) La geste de Garin de Monglane, dominée par Guillaume d'Orange, arrière-petit-fils de Garin : elle se déroule dans le midi de la France.

3) La geste de Doon de Mayence, où règne le thème des luttes féodales.

Les premières chansons de geste étaient rudes, viriles, guerrières. Mais l'influence de la littérature « courtoise » ne tarda pas à se faire sentir : en effet, l'aristocratie nourrissait alors un goût de plus en plus vif pour les aventures sentimentales, les tableaux d'une vie luxueuse où régnait la femme.

La transition fut opérée par les romans antiques : *Roman d'Alexandre* (vers 1150), *Roman de Thèbes* (même époque), *Roman d'Enéas* (1160), *Roman de Troie* (1165). Ces œuvres adaptent des légendes antiques : Alexandre, Œdipe (d'après *La Thébaïde*, du poète latin Stace), Énée (d'après l'*Énéide*, de Virgile), Achille (d'après l'*Iliade*, d'Homère). Ces romans alliaient la guerre et l'amour : la relation du héros à l'univers féminin s'y transforme entièrement. Ainsi Achille refuse de combattre les Troyens par amour pour la fille du roi de Troie...

Désormais les deux grands mobiles du héros romanesque sont là : le combat, l'amour. Jusqu'à nos actuels romans policiers ils continueront à séduire.

Mais l'amour revêt alors la forme particulière de la « courtoisie ». Le chevalier obéit non plus à Dieu ou à son suzerain, mais à sa « dame », à laquelle il est entièrement soumis. Ses exploits sont un « service d'amour » : il doit être vaillant, parfait, fidèle, discret, patient... pour « mériter » les faveurs de sa souveraine, pour la « conquérir ». Celle-ci le soumet à des « épreuves » avant de lui accorder en « récompense » son amour. La préoccupation amoureuse est devenue la source de toute l'activité du chevalier.

De nombreux romans courtois ont pour cadre la « Bretagne » (Cornouailles, Galles, Irlande, Armorique) et pour personnage central Arthur, roi légendaire du VIᵉ siècle, dont la figure fut révélée aux Français par le chanoine anglo-normand Wace, au milieu du XIIᵉ siècle (*Roman de Brut*, 1155). Arthur est assisté par les célèbres chevaliers de la Table Ronde.

En dehors de *Tristan et Yseut* (fin du XIIᵉ siècle), les plus célèbres de ces romans sont ceux de Chrétien de Troyes (vers 1135-vers 1190). Dans *Érec et Énide* (vers 1160), le romancier met en scène un héros qui, après avoir conquis par ses prouesses la femme aimée, s'endort dans les douceurs du foyer. Accusé de lâcheté par ses amis et par Énide, il force celle-ci à l'accompagner dans la vie aventureuse qu'il reprend. L'amour et le mariage doivent céder le pas à l'aventure. *Cligès* (vers 1170) met l'accent sur le don total qui est celui de l'amour : « *Qui a le cœur, il ait le corps.* » Le *Lancelot* (vers 1172) marque une conversion absolue de l'auteur aux thèses courtoises : le chevalier se soumet à la dictature, aux caprices de sa « dame », Guenièvre, femme d'Arthur (l'amour courtois fait fi des tabous sociaux, de l'adultère!). De même, dans *Yvain ou le Chevalier au lion* (vers 1173), Yvain est puni d'avoir préféré l'aventure en elle-même à l'amour. Dans son *Perceval*, Chrétien de Troyes associe pour la première fois aux contes arthuriens la légende du Saint Graal : le jeune chevalier Perceval court le monde à la recherche du Graal, c'est-à-dire du vase qui servit à la Cène et où Joseph d'Arimathie recueillit le sang du Christ. Wagner a repris ce thème dans son *Parsifal* (1882).

Au XIIIᵉ siècle une partie de l'œuvre de Chrétien est reprise et remaniée dans l'immense *Lancelot* en prose. Désormais ce sont les chevaliers de la Table Ronde qui se consacrent à la quête du Graal, symbole de la vie mystique. Leurs exploits sont entrepris pour Dieu. Mais seul Galaad, fils de Lancelot du Lac, sera assez pur pour conquérir le Graal et le contempler dans une extase qui représente l'union parfaite avec Dieu.

En dehors des romans antiques ou des légendes bretonnes, nombreuses sont les œuvres de type épique pendant toute la période médiévale : romans d'aventure divers, chansons de geste du cycle de la croisade (*La Conquête de Jérusalem*, au début du XIIIᵉ siècle, etc.), mais dès la fin du XIIIᵉ siècle le genre est en décadence et l'on ne trouve plus que des œuvres manquées (*Chanson de Bertrand du Guesclin*, vers 1384)...

● La Chanson de Roland

La *Chanson de Roland* a été composée au début du XIIᵉ siècle par un auteur inconnu. Le manuscrit que nous connaissons date de 1170 et se déroule en trois parties.

1. *La trahison :* Charlemagne guerroie depuis sept ans en Espagne, où résiste dans Saragosse le roi musulman Marsile. Roland propose d'envoyer Ganelon conclure la paix; mais la mission est périlleuse. Furieux, Ganelon trahit l'empereur et conclut une fausse paix.

2. *La mort de Roland :* L'empereur rentre donc en France. Roland, les douze pairs et 20 000 hommes sont à l'arrière-garde. Assaillis par des nuées de païens, ils se font glorieusement tuer. Après avoir sonné du cor pour appeler Charles, Roland meurt face à l'Espagne.

3. *Le châtiment :* Charles extermine les Sarrasins de Marsile, puis ceux de l'émir de Babylone, Baligant. Ganelon est arrêté, et son champion Pinabel est défait en champ clos par celui de Roland, Thierry. Ganelon sera écartelé. L'empereur se prépare à de nouvelles expéditions.

L'amour est à peu près inexistant dans *La Chanson de Roland*, si l'on excepte le bref passage où l'empereur, rentré à Aix-la-Chapelle, annonce la mort de Roland à sa fiancée Aude, qui en meurt. Cette rudesse guerrière ne va pas durer longtemps. En quelques décennies la courtoisie va métamorphoser les chansons de geste.

[COMBATS SINGULIERS]

Comme dans l'*Iliade* les combats singuliers sont nombreux dans *La Chanson de Roland*, et d'un réalisme horrifiant. Il ne s'agit pas ici de combats, longuement décrits, entre deux héros (Olivier et Roland dans *Girart de Vienne*, Corsolt et Guillaume dans *Le Couronnement de Louis*); c'est un héros qui abat tout ce qui se trouve sur sa route. Roland est un terrible vendangeur d'infidèles (cf. *Isaïe*, ch. 63). La présence divine se laisse deviner : on lutte pour Dieu, l'archevêque Turpin est un illustre guerrier. Mais surtout, à l'approche de la mort de Roland, apparaissent les signes qui marquèrent la mort du Christ (*Évangile selon saint Matthieu*, ch. 27, versets 45-54).

CIV

La bataille est merveilleuse; elle tourne à la mêlée. Le comte Roland ne se ménage pas. Il frappe de son épieu [1] tant que dure la hampe; après quinze coups il l'a brisée et détruite. Il tire Durandal [2], sa bonne épée, toute nue. Il éperonne, et va frapper Chernuble. Il lui

---

1. *Épieu :* ancienne arme, consistant en une tige de bois *(la hampe)*, garnie de fer.
2. *Durendal*, ou Durandal : épée merveilleuse prise par Roland au chef sarrasin Aumont (d'après la *Chanson d'Aspremont*) et avec laquelle Charlemagne l'arma chevalier.

Saint Georges, **par Raphaël.**
Le modèle des chevaliers chrétiens.

brise le heaume où luisent des escarboucles [1], tranche
la coiffe avec le cuir du crâne, tranche la face entre les
yeux, le haubert blanc aux mailles menues et tout le
corps jusqu'à l'enfourchure. A travers la selle, qui est
incrustée d'or, l'épée atteint le cheval. Il lui tranche
l'échine sans chercher le joint, il abat le tout mort
dans le pré, sur l'herbe drue. Puis il dit : « Fils de serf,
vous vous mîtes en route à la malheure [2] ! Mahomet
ne vous donnera pas son aide. Un truand tel que vous
ne gagnera point la bataille ! »

CV

Le comte Roland chevauche par le champ. Il tient
Durandal, qui bien tranche et bien taille. Des Sarrasins il fait grand carnage. Si vous eussiez vu comme il
jette le mort sur le mort, et le sang clair s'étaler par
flaques ! il en a son haubert ensanglanté, et des deux
bras et son bon cheval, de l'encolure jusqu'aux épaules.
Et Olivier n'est pas en reste, ni les douze pairs, ni les
Français, qui frappent et redoublent. Les païens
meurent, d'autres défaillent. L'archevêque dit :
« Béni soit notre baronnage ! Montjoie ! » crie-t-il, c'est
le cri d'armes de Charles.

CVI

Et Olivier chevauche à travers la mêlée. Sa hampe
s'est brisée, il n'en a plus qu'un tronçon. Il va frapper
un païen, Malon. Il lui brise son écu [3], couvert d'or
et de fleurons, hors de la tête fait sauter ses deux yeux,
et la cervelle coule jusqu'à ses pieds. Parmi les autres
qui gisent sans nombre, il l'abat mort. Puis il a tué
Turgis et Esturgoz. Mais le tronçon éclate et se fend
jusqu'à ses poings. Roland lui dit : « Compagnon, que
faites-vous ? En une telle bataille je n'ai cure d'un
bâton. Il n'y a que le fer qui vaille, et l'acier. Où donc
est votre épée, qui a nom Hauteclaire ? La garde en

---

1. *Escarboucles* : pierres précieuses d'un rouge foncé. La *coiffe* est la partie
du heaume qui protège la tête et la nuque.
2. *A la malheure* : pour votre malheur.
3. *Écu* : bouclier.

est d'or, le pommeau de cristal. — Je n'ai pu la tirer, »
lui répond Olivier, « j'avais tant de besogne ! »

CVII

Monseigneur Olivier a tiré sa bonne épée, celle qu'a
tant réclamée son compagnon Roland, et il lui montre,
en vrai chevalier, comme il s'en sert. Il frappe un
païen, Justin de Val Ferrée. Il lui fend par le milieu
toute la tête et tranche le corps..., et la bonne selle,
dont les gemmes sont serties d'or, et à son cheval il
a fendu l'échine. Il abat le tout devant lui sur le pré.
Roland dit : « ... Si l'empereur nous aime, c'est pour
de tels coups ! » De toutes parts « Montjoie ! » retentit...

CX

La bataille est merveilleuse et pesante. Roland y
frappe bien, et Olivier ; et l'archevêque y rend plus de
mille coups et les douze pairs ne sont pas en reste, ni
les Français, qui frappent tous ensemble. Par centaines et par milliers, les païens meurent. Qui ne
s'enfuit ne trouve nul refuge ; bon gré, mal gré, il y
laisse sa vie. Les Français y perdent leurs meilleurs
soutiens. Ils ne reverront plus leurs pères ni leurs
parents, ni Charlemagne qui les attend aux ports.
En France s'élève une tourmente étrange, un orage
chargé de tonnerre et de vent, de pluie et de grêle,
démesurément. La foudre tombe à coups serrés et
pressés, la terre tremble. De Saint-Michel-du-Péril
jusqu'aux Saints [1], de Besançon jusqu'au port de
Wissant [2], il n'y a maison dont un mur ne crève.
En plein midi, il y a de grandes ténèbres ; aucune clarté,
sauf quand le ciel se fend. Nul ne le voit qui ne s'épouvante. Plusieurs disent : « C'est la consommation
des temps, la fin du monde que voilà venue. » Ils ne
savent pas, ils ne disent pas vrai : c'est la grande
douleur pour la mort de Roland.

---

1. *Les Saints :* selon certains les *Saints de Cologne*, donc Cologne ; selon d'autres *Xanten (Sanctos)* près de Düsseldorf. *Saint-Michel*, monastère situé aux confins de la Normandie et de la Bretagne.
2. *Wissant :* port situé au nord de Boulogne.

[LA DÉMESURE DU HÉROS]

Roland a refusé de sonner de l'olifant, alors qu'il en était encore temps et qu'Olivier l'en pressait (laisses 83-85). « Roland est preux, et Olivier est sage » (laisse 87). La grandeur du héros l'entraîne souvent à une confiance excessive en lui-même, à la « démesure ». Dès lors le châtiment n'est pas loin.

CXXXI

Roland dit : « Pourquoi, contre moi, de la colère? » Et Olivier répond : « Compagnon, c'est votre faute, car vaillance sensée et folie sont deux choses, et mesure vaut mieux qu'outrecuidance. Si nos Français sont morts, c'est par votre légèreté. Jamais plus nous ne ferons le service de Charles. Si vous m'aviez cru, mon seigneur serait revenu; cette bataille, nous l'aurions gagnée; le roi Marsile eût été tué ou pris. Votre prouesse, Roland, c'est à la malehure [1] que nous l'avons vue. Charles le Grand — jamais il n'y aura un tel homme jusqu'au dernier jugement! — ne recevra plus notre aide. Vous allez mourir et France en sera honnie [2]. Aujourd'hui prend fin notre loyal compagnonnage : avant ce soir nous nous séparerons, et ce sera dur. »

[L'ÉPÉE MERVEILLEUSE DE ROLAND]

Le héros éprouve fréquemment de l'attachement pour ses armes et pour son cheval, qui d'ailleurs portent un nom. De là ces complaisantes descriptions du bouclier, de l'arc, de l'épée... Au Moyen Age, c'est surtout l'épée qui compte : de l'*Escalibor* du roi Arthur, de la *Joyeuse* de Charlemagne à l'épée de Jeanne d'Arc. Durandal est une épée sainte : elle contient des reliques, comme les autels sur lesquels se célèbre la messe. Il s'agit ici du *regret* de Durandal, celui que le mourant exprime à l'égard des objets ou des êtres qu'il abandonne.

---

1. *A la malehure :* (votre prouesse) aura fait notre malheur.
2. *Honnie :* déshonorée.

CLXXI

Roland sent que sa vue se perd. Il se met sur pieds, tant qu'il peut s'évertue. Son visage a perdu sa couleur. Devant lui est une pierre bise. Il y frappe dix coups, plein de deuil et de rancœur. L'acier grince, il ne se brise, ni ne s'ébrèche. « Ah ! » dit le comte, « sainte Marie, à mon aide ! Ah ! Durandal, bonne Durandal, c'est pitié de vous ! Puisque je meurs, je n'ai plus charge de vous. Par vous j'ai gagné en rase campagne tant de batailles, et par vous dompté tant de larges terres, que Charles tient, qui a la barbe chenue ! Ne venez jamais aux mains d'un homme qui puisse fuir devant un autre ! Un bon vassal vous a longtemps tenue : il n'y aura jamais votre pareille en France la Sainte ».

CLXXII

Roland frappe sur le rocher de sardoine [1]. L'acier grince, il n'éclate pas, il ne s'ébrèche pas. Quand il voit qu'il ne peut la briser, il commence en lui-même à la plaindre : « Ah ! Durandal, comme tu es belle, et claire, et blanche ! Contre le soleil comme tu luis et flambes ! Charles était aux vallons de Maurienne, quand du ciel Dieu lui manda par son ange qu'il te donnât à l'un de ses comtes capitaines : alors il m'en ceignit, le noble roi, le Grand roi. Par elle je lui conquis l'Anjou et la Bretagne, par elle je lui conquis le Poitou et le Maine. Je lui conquis la libre Normandie [2], et par elle je lui conquis la Provence et l'Aquitaine, et la Lombardie et toute la Romagne. Je lui conquis la Bavière et toute la Flandre, la Bourgogne et toute la Pologne, Constantinople, dont il avait reçu l'hommage, et la Saxe, où il fait ce qu'il veut. Par elle je lui conquis l'Écosse, Galles, Irlande et l'Angleterre, son domaine privé, comme il l'appelait. Par elle je conquis tant et tant de contrées, que Charles tient, qui a la barbe blanche. Pour cette épée j'ai douleur et peine. Plutôt mourir que la laisser aux païens ! Dieu, notre père, ne souffrez pas que la France ait cette honte ! »

---

1. *Sardoine :* agate brune.
2. *La libre Normandie :* la Normandie se vantait d'être un des pays de la liberté, car elle avait été des premières à faire disparaître le servage.

CLXXIII

Roland frappa contre une pierre bise. Il en abat plus que je ne sais vous dire. L'épée grince, elle n'éclate ni ne se rompt. Vers le ciel elle rebondit. Quand le comte voit qu'il ne la brisera point, il la plaint en lui-même, très doucement : « Ah ! Durandal, que tu es belle et sainte ! Ton pommeau d'or est plein de reliques : une dent de saint Pierre, du sang de saint Basile, et des cheveux de monseigneur saint Denis, et du vêtement de sainte Marie. Il n'est pas juste que des païens te possèdent : des chrétiens doivent faire votre [1] service. Puissiez-vous ne jamais tomber aux mains d'un couard ! Par vous j'aurai conquis tant de larges terres, que tient Charles, qui a la barbe fleurie ! L'empereur en est puissant et riche. »

[L'APOTHÉOSE DE ROLAND]

La prière naît spontanément sur les lèvres des guerriers chrétiens, dans les chansons de geste. Ici l'âme de Roland gagne le paradis, mais son corps restera en terre jusqu'au dernier jugement : simple variante de l'apothéose héroïque, telle qu'elle apparaît par exemple dans le mythe d'Héraklès.

CLXXVI

Le comte Roland est couché sous un pin. Vers l'Espagne il a tourné son visage. De maintes choses il lui vient souvenance : de tant de terres qu'il a conquises, le vaillant, de douce France, des hommes de son lignage, de Charlemagne, son seigneur, qui l'a nourri. Il en pleure et soupire, il ne peut s'en empêcher. Mais il ne veut pas s'oublier lui-même; il bat sa coulpe [2] et demande à Dieu miséricorde : « Vrai Père, qui jamais ne mentis, toi qui rappelas saint Lazare d'entre les morts, toi qui sauvas Daniel des lions [3],

---

1. Passage du *tu* au *vous* dans le texte.
2. *Il bat sa coulpe* : il se frappe la poitrine et s'accuse, en signe de repentir.
3. *Évangile selon saint Jean*, ch. 11 et *Daniel*, ch. 6. Il s'agit ici des plus anciennes prières en français que nous possédions ; elles sont composées de formules inspirées de la liturgie latine.

sauve mon âme de tous les périls qui la menacent à cause des péchés que j'ai faits dans ma vie ! » Il a offert à Dieu son gant droit : saint Gabriel l'a pris de sa main [1]. Sur son bras il a laissé retomber sa tête ; il est allé, les mains jointes, à sa fin. Dieu lui envoie son ange Chérubin et saint-Michel-du-Péril ; avec eux y vint saint Gabriel [2]. Ils portent l'âme du comte en paradis.

[L'ÉPÉE DE CHARLEMAGNE]

> Pour venger Roland et ses compagnons, l'Empereur a poursuivi les païens. Dieu a arrêté le soleil, comme il l'avait fait autrefois pour Josué (*Josué*, ch. 10), pour l'aider dans sa tâche. Après la victoire, il établit son camp et se couche tout armé. C'est alors que l'auteur évoque son épée merveilleuse.

CLXXXIII

L'Empereur s'est couché dans un pré. Le preux met près de sa tête son grand épieu. Cette nuit il n'a pas voulu se désarmer ; il garde son blanc haubert brodé ; il garde lacé son heaume aux pierres serties d'or, et Joyeuse ceinte ; jamais elle n'eut sa pareille : chaque jour sa couleur change trente fois. Nous savons bien ce qu'il en fut de la lance dont Notre-Seigneur fut blessé sur la Croix : Charles, par la grâce de Dieu, en possède la pointe et l'a fait enchâsser dans le pommeau d'or ; à cause de cet honneur et de cette grâce, l'épée a reçu le nom de Joyeuse. Les barons de France ne doivent pas l'oublier : c'est de là qu'ils ont pris leur cri d'armes : « Montjoie ! » [3] et c'est pourquoi nul peuple ne peut tenir contre eux.

---

1. *Le gant* symbolise toute la puissance, tout l'être de quelqu'un. Par son ange Dieu agrée ce don.
2. *Chérubin :* on attendrait l'archange Raphaël, compagnon de Michel et Gabriel. D'ailleurs *Chérubin* désigne l'une des espèces angéliques (comme Séraphin...). *Saint Michel :* qui aide dans le péril ; mais en même temps, l'auteur fait allusion à un monastère célèbre, dont justement Roland était comte.
3. Explication fantaisiste. En fait, on ignore d'où provient ce cri.

[LES SONGES DE CHARLEMAGNE]

Le premier songe annonce le combat contre les soldats (= les monstres) du sarrasin Baligant (= le lion). Dans le second, l'ours enchaîné est Ganelon, les trente ours ses parents et défenseurs, le grand ours Pinabel, le lévrier Thierry. Ces deux rêves sont caractéristiques du bestiaire propre à l'univers héroïque : carnassiers, rapaces... pour les adversaires du héros; légèreté, rapidité, beauté pour le héros.

CLXXXV

Charles dort en homme qu'un tourment travaille. Dieu lui a envoyé saint Gabriel; il lui commande de garder l'empereur. L'ange se tient toute la nuit à son chevet. Par une vision, il lui annonce une bataille qui lui sera livrée. Il la lui montre par des signes funestes. Charles a levé son regard vers le ciel. Il y voit les tonnerres et les vents et les gelées, et les orages et les tempêtes prodigieuses, un appareil de feux et de flammes, qui soudainement choit sur toute son armée. Les lances de frêne et de pommier s'embrasent et les écus jusqu'à leurs boucles d'or pur. Les hampes des épieux tranchants éclatent, les hauberts et les heaumes d'acier se tordent; Charles voit ses chevaliers en grande détresse. Puis des ours et des léopards veulent les dévorer, des serpents et des guivres [1], des dragons et des démons. Et plus de trente milliers de griffons [2] sont là, qui tous fondent sur les Français. Et les Français crient : « Charlemagne, à notre aide! » Le roi est ému de douleur et de pitié; il y veut aller, mais il est empêché. D'une forêt vient contre lui un grand lion, plein de rage, d'orgueil et de hardiesse. Le lion s'en prend à sa personne même et l'attaque : tous deux pour lutter se prennent corps à corps. Mais Charles ne sait qui est dessus, qui est dessous. L'empereur ne s'est pas réveillé.

---

1. *Guivres :* serpents fantastiques.
2. *Griffon :* animal fabuleux, doté d'un corps de lion, d'une tête et d'ailes d'aigle, d'oreilles de cheval, de nageoires de poisson.

CLXXXVI

Après cette vision, une autre lui vint : qu'il était en France, à Aix, sur un perron, et tenait un ours enchaîné par deux chaînes. Du côté de l'Ardenne il voyait trente ours. Chacun parlait comme un homme. Ils lui disaient : « Sire, rendez-le nous ! Il n'est pas juste que vous le reteniez plus longtemps. Il est notre parent, nous lui devons notre secours. » De son palais accourt un lévrier. Sur l'herbe verte, au-delà des autres, il attaque l'ours le plus grand. Là le roi regarde un merveilleux combat. Mais il ne sait qui vainc, qui est vaincu. Voilà ce que l'ange de Dieu a montré au baron. Charles dort jusqu'au lendemain, au jour clair.

● Tristan et Yseut

Ce « beau conte d'amour et de mort » constitue sans doute la plus célèbre de toutes les œuvres médiévales. Au terme d'une préhistoire obscure, cette pathétique légende est mise en forme à la fin du XIIe siècle par Béroul et Thomas. Aussitôt fleurissent dans toute l'Europe des traductions, des imitations, des adaptations (jusqu'au XVIe siècle). Après avoir subi une éclipse pendant le règne du classicisme (XVIIe-XVIIIe siècles), le thème reparaît au XIXe siècle. En 1865 il inspire le *Tristan und Isolde* de R. Wagner. En 1922 paraît l'admirable reconstitution due à J. Bédier, qui à partir des sources connues (Béroul, Thomas, Eilhart, le *Roman en prose*) établit l'existence d'une quarantaine d'épisodes communément traités.

Orphelin et neveu du roi Marc de Cornouailles, Tristan de Loonois, élevé en parfait chevalier, accomplit dès son arrivée à la cour son premier exploit : il tue le Morholt, géant qui réclamait un tribut de 300 garçons et 300 filles. Mais il est blessé grièvement et s'abandonne aux flots : jeté sur la côte d'Irlande, il est guéri par les philtres magiques d'Yseut la Blonde, nièce du Morholt. Mais craignant d'être reconnu, il regagne la Cornouailles. Un matin, deux hirondelles apportent au palais un cheveu d'or : le roi décide d'épouser celle à qui appartient ce cheveu et envoie son neveu à la recherche de la Belle aux cheveux d'or.

Tristan revient en Irlande, tue un dragon qui dévorait les jeunes filles et « conquiert » ainsi Yseut, promise en récompense à qui délivrerait le pays du dragon. Celle-ci découvre cependant que Tristan est le meurtrier de son oncle et s'apprête à le frapper; mais le jeune homme lui offre sa vie et lui avoue qu'il n'est venu que pour elle, dont il possède le cheveu d'or. Yseut se réjouit alors d'épouser un tel chevalier, mais elle a la douleur d'apprendre peu après qu'elle est destinée au roi Marc.

Pendant le voyage vers la Cornouailles, les jeunes gens boivent par erreur un philtre magique qui devait unir d'un amour éternel Yseut et Marc. Les voici désormais irrésistiblement attirés l'un par l'autre « dans la vie et dans la mort ».

Ils ont beau lutter contre leur folle passion, ils ne peuvent s'empêcher de se rencontrer en secret. Surpris un jour par le roi, ils sont condamnés au bûcher. Mais Tristan s'échappe et délivre Yseut; tous deux se réfugient dans la forêt du Morois, où il goûtent pendant trois ans d'une vie misérable l'âpre bonheur de s'aimer. Au cours d'une chasse, Marc les trouve endormis et les épargne; trouvant à leur réveil l'épée et l'anneau du roi, les amants se repentent et se séparent. Tristan rend Yseut à son oncle et s'exile. Pour essayer d'oublier, il épouse en Bretagne Yseut aux blanches mains. Mais il ne peut résister au désir de revoir sa bien-aimée et revient auprès d'elle sous divers déguisements. De nouveau blessé par une arme empoisonnée, Tristan envoie chercher Yseut la Blonde : celle-ci, bravant tous les interdits, suit le messager. Il a été convenu que, si Yseut la Blonde était sur le bateau, on hisserait une voile blanche. Mais la femme de Tristan, par jalousie, lui annonce que la voile est noire. Le chevalier meurt, et Yseut la Blonde, aussitôt arrivée auprès de lui, expire à son tour. On ensevelit les amants dans deux tombes voisines : « Mais pendant la nuit, de la tombe de Tristan jaillit une ronce verte et feuillue, aux forts rameaux, aux fleurs odorantes, qui... s'enfonça dans la tombe d'Yseut ». On eut beau la couper, elle repoussa. L'amour est plus fort que la mort.

[TRISTAN CONTRE LE MORHOLT]

Le combat contre le Morholt fait penser à la lutte de Thésée contre le Minotaure (qui lui aussi réclamait un tribut humain), de David contre Goliath... On remarquera l'importance des défis, l'insistance sur la jeunesse et l'inexpérience de Tristan, l'art de jouer des contrastes et de l'inattendu.

Quand Tristan rentra, Marc et toute sa baronnie menaient grand deuil. Car le roi d'Irlande avait équipé une flotte pour ravager la Cornouailles, si Marc refusait encore, ainsi qu'il faisait depuis quinze années, d'acquitter un tribut jadis payé par ses ancêtres. Or, sachez que, selon d'anciens traités d'accord, les Irlandais pouvaient lever sur la Cornouailles, la première année trois cents livres de cuivre, la deuxième année trois cents livres d'argent fin, et la troisième trois cents livres d'or. Mais quand revenait la quatrième année, ils emportaient trois cents jeunes garçons et trois cents jeunes filles, de l'âge de quinze ans, tirés au sort entre les familles de Cornouailles. Or, cette année, le roi avait envoyé vers Tintagel, pour porter son message, un chevalier géant, le Morholt, dont il avait épousé la sœur, et que nul n'avait jamais pu vaincre en bataille. Mais le roi Marc, par lettres scellées, avait convoqué à sa cour tous les barons de sa terre pour prendre leur conseil.

Au terme marqué, quand les barons furent assemblés dans la salle voûtée du palais et que Marc se fut assis sous le dais, le Morholt parla ainsi :

« Roi Marc, entends pour la dernière fois le mandement du roi d'Irlande, mon seigneur. Il te semond [1] de payer enfin le tribut que tu lui dois. Pour ce que [2] tu l'as trop longtemps refusé, il te requiert de me livrer en ce jour trois cents jeunes garçons et trois cents jeunes filles, de l'âge de quinze ans, tirés au sort entre les familles de Cornouailles. Ma nef, ancrée au port de Tintagel, les emportera pour qu'ils deviennent nos serfs. Pourtant, — et je n'excepte

---

1. *Semond :* avertit, invite (cf. coup de semonce).
2. *Pour ce que :* parce que.

que toi seul, roi Marc, ainsi qu'il convient, — si quelqu'un de tes barons veut prouver par bataille que le roi d'Irlande lève ce tribut contre le droit, j'accepterai son gage. Lequel d'entre vous, seigneurs cornouaillais, veut combattre pour la franchise de ce pays? »

Les barons se regardaient entre eux à la dérobée, puis baissaient la tête. Celui-ci se disait : « Vois, malheureux, la stature du Morholt d'Irlande : il est plus fort que quatre hommes robustes. Regarde son épée : ne sais-tu point que par sortilège elle a fait voler la tête des plus hardis champions, depuis tant d'années que le roi d'Irlande envoie ce géant porter ses défis par les terres vassales? Chétif, veux-tu chercher la mort? A quoi bon tenter Dieu? » Cet autre songeait : « Vous ai-je élevés, chers fils, pour les besognes des serfs, et vous, chères filles, pour celles des filles de joie? Mais ma mort ne vous sauverait pas. » Et tous se taisaient.

Le Morholt dit encore :

« Lequel d'entre vous, seigneurs cornouaillais, veut prendre mon gage? Je lui offre une belle bataille : car, à trois jours d'ici, nous gagnerons sur des barques l'île Saint-Samson, au large de Tintagel. Là, votre chevalier et moi, nous combattrons seul à seul, et la louange d'avoir tenté la bataille rejaillira sur toute sa parenté. »

Ils se taisaient toujours, et le Morholt ressemblait au gerfaut [1] que l'on enferme dans une cage avec de petits oiseaux : quand il y entre, tous deviennent muets.

Le Morholt parla pour la troisième fois :

« Eh bien, beaux seigneurs cornouaillais, puisque ce parti vous semble le plus noble, tirez vos enfants au sort et je les emporterai! Mais je ne croyais pas que ce pays ne fût habité que par des serfs. »

Alors, Tristan s'agenouilla aux pieds du roi Marc, et dit :

« Seigneur roi, s'il vous plaît de m'accorder ce don, je ferai la bataille. »

---

1. *Gerfaut :* espèce de faucon à plumage clair. Comme presque toujours. l'adversaire monstrueux du héros est comparé aux animaux rapaces, carnassiers.

En vain le roi Marc voulut l'en détourner. Il était jeune chevalier : de quoi lui servirait sa hardiesse? Mais Tristan donna son gage au Morholt, et le Morholt le reçut.

Au jour dit, Tristan se plaça sur une courtepointe [1] de cendal vermeil, et se fit armer pour la haute aventure. Il revêtit le haubert et le heaume d'acier bruni. Les barons pleuraient de pitié sur le preux et de honte sur eux-mêmes. « Ah! Tristan, se disaient-ils, hardi baron, belle jeunesse, que n'ai-je, plutôt que toi, entrepris cette bataille! Ma mort jetterait un moindre deuil sur cette terre!... » Les cloches sonnent, et tous, ceux de la baronnie et ceux de la gent menue, vieillards, enfants et femmes, pleurant et priant, escortent Tristan jusqu'au rivage. Ils espéraient encore, car l'espérance au cœur des hommes vit de chétive pâture.

Tristan monta seul dans une barque et cingla vers l'île Saint-Samson. Mais le Morholt avait tendu à son mât une voile de riche pourpre, et le premier il aborda dans l'île. Il attachait sa barque au rivage, quand Tristan, touchant terre à son tour, repoussa du pied la sienne vers la mer.

« Vassal, que fais-tu? dit le Morholt, et pourquoi n'as-tu pas retenu comme moi ta barque par une amarre?

— Vassal, à quoi bon? répondit Tristan. L'un de nous reviendra seul vivant d'ici : une seule barque ne lui suffit-elle pas? »

Et tous deux, s'excitant au combat par des paroles outrageuses, s'enfoncèrent dans l'île.

Nul ne vit l'âpre bataille; mais, par trois fois, il sembla que la brise de mer portait au rivage un cri furieux. Alors, en signe de deuil, les femmes battaient leurs paumes en chœur, et les compagnons du Morholt, massés à l'écart devant leurs tentes, riaient. Enfin, vers l'heure de none [2], on vit au loin se tendre la voile de pourpre; la barque de l'Irlandais se détacha de l'île, et une clameur de détresse retentit : « Le Morholt! le Morholt! » Mais, comme la barque grandissait,

---

1. *Courtepointe :* couverture piquée. Le *cendal* est une étoffe de soie. Le *haubert* est la cotte de mailles, le *heaume* le casque.
2. *None*, la neuvième heure : environ trois heures de l'après-midi.

soudain, au sommet d'une vague, elle montra un chevalier qui se dressait à la proue; chacun de ses poings tendait une épée brandie : c'était Tristan. Aussitôt vingt barques volèrent à sa rencontre et les jeunes hommes se jetaient à la nage. Le preux s'élança sur la grève et, tandis que les mères à genoux baisaient ses chausses de fer, il cria aux compagnons du Morholt :

« Seigneurs d'Irlande, le Morholt a bien combattu. Voyez : mon épée est ébréchée, un fragment de la lame est resté enfoncé dans son crâne. Emportez ce morceau d'acier, seigneurs : c'est le tribut de la Cornouailles ! »

Alors il monta vers Tintagel. Sur son passage, les enfants délivrés agitaient à grands cris des branches vertes, et de riches courtines se tendaient aux fenêtres. Mais quand, parmi les chants d'allégresse, aux bruits des cloches, des trompes et des buccines, si retentissants qu'on n'eût pas ouï Dieu tonner, Tristan parvint au château, il s'affaissa entre les bras du roi Marc : et le sang ruisselait de ses blessures.

(*Tristan et Yseut*, adaptation de J. Bédier, d'après Eilhart d'Oberg pour cet épisode.)

Tout le Moyen Age s'est enchanté d'œuvres dont la substance est constituée par *des variations de la rêverie héroïque :* guerriers surhumains, assistés par Dieu ou par des fées, galvanisés par l'amour... : Arthur, Gauvain, Lancelot, Érec, Tristan, Galaad, Perceval, Charlemagne, Roland, Olivier, Guillaume d'Orange, Aimeri de Narbonne, Huon de Bordeaux. Que de *héros* dont la figure est désormais immortelle!

Cette immense matière subit toutes sortes d'adaptations. Au XIVe siècle, de nombreuses chansons de geste sont récrites en prose. Les premières presses parisiennes et lyonnaises s'empressent de publier ces remaniements : on connaît dès 1478 un *Fiérabras*, en 1480 un *Régnault de Montauban*. Des commis de librairie ne cessent de vulgariser les vieux romans, qui vont constituer le fonds de la célèbre « Bibliothèque bleue », dont l'aristocratie et le peuple feront longtemps leurs délices.

Au XVIe siècle, ses préoccupations évangéliques et humanistes, sa verdeur populaire, son goût du rire énorme empêchent le puissant Rabelais (1494-1553) de s'abandonner aux suggestions de l'héroïsme. Dans la *Défense et illustration de la langue française* (1549), du Bellay (1522-1560) écrit un chapitre capital sur l'épopée, appelée alors le « long poème » (II, 5). Il voit dans la composition d'une épopée le couronnement d'une carrière de poète. Lui qui s'est montré si dur pour tant de genres littéraires du Moyen Age, il célèbre les « beaux vieux romans français, comme un *Lancelot*, un *Tristan*, ou autres », en même temps que l'*Iliade* ou l'*Énéide*. Dès lors, jusqu'à Hugo, va régner chez les grands écrivains français l'obsession de réussir une épopée. Ronsard (1524-1585) tente le premier de réaliser l'idéal de son ami du Bellay : malgré vingt-cinq années de travail, sa *Franciade* (1572) est un échec. Il imagine qu'Astyanax, fils d'Hector et d'Andromaque, serait sous le nom de Francus l'ancêtre des Français. Hélas! Le grand poète est encombré de recettes, demeure prisonnier de ses modèles, n'a pas su laisser l'imagination prendre son essor. La véritable « tête épique » du XVIᵉ siècle français, c'est Agrippa d'Aubigné (1552-1630), l'auteur des *Tragiques* (composés à partir de 1577, publiés en 1616). Mais comme chez Dante (*La Divine Comédie*, début du XIVᵉ siècle) ou bientôt Milton (*Le Paradis perdu*, 1667), le sens épique est diffus dans *Les Tragiques*, il n'auréole pas un héros ou un groupe de héros.

L'absence de créations héroïques dans notre littérature de la Renaissance explique que les Français du XVIᵉ et du XVIIᵉ siècles se soient passionnés ou bien pour les versions en prose des romans médiévaux, ou bien pour des œuvres étrangères. Or, à cette époque, l'élite a les yeux tournés vers la grande puissance qu'est l'Espagne ou vers la terre de culture qu'est l'Italie. Quatre œuvres surtout attestent le goût persistant de l'Occident pour *l'héroïsme chevaleresque : Amadis de Gaule, Roland furieux, Roland amoureux, La Jérusalem délivrée.*

● **Amadis de Gaule (1508)**

C'est le plus célèbre des romans espagnols de chevalerie. Sa matière semble avoir été connue dès le xve siècle, mais la première publication eut lieu en 1508 à Saragosse : l'auteur était Garcia Rodriguez de Montalvo.

Amadis, enfant naturel de Périon et d'Elisène, est abandonné dès sa naissance aux caprices des flots. Gandalès d'Écosse le recueille : Amadis n'a avec lui qu'une bague et une épée (futurs instruments de « reconnaissance »). Devenu adolescent, le jeune homme rencontre Oriane, et l'amour naît entre eux. Oriane le fait armer chevalier. Alors, après avoir juré une fidélité éternelle à sa bien-aimée, Amadis part s'illustrer dans des aventures affrontées pour sa dame. Le héros triomphe du géant Abies. Puis, grâce à la bague, il retrouve ses parents. Enfermé par suite d'un enchantement dans le château d'Arcalaus, il est délivré par sa protectrice, Urgande. Il libère ensuite le roi Lisvart et sa fille Oriane, victimes du même Arcalaus. De nouveau emprisonné, il est délivré par Oriane, qui se donne à lui en récompense de sa vaillance et de sa fidélité.

Reparti, Amadis est accueilli chaleureusement par la reine Briolanie, mais demeure fidèle à Oriane. Dans l'île de Ferme, il explore l'inaccessible château des boucliers et délivre d'innombrables prisonniers. Cependant Oriane, qui le croit amoureux de Briolanie, lui interdit de reparaître en sa présence. Le malheureux se retire à Roche-Pauvre et prend le nom de Beau-Ténébreux (Cervantès a parodié cet épisode : Don Quichotte se retire dans la Sierra Morena). Mais, appelé au secours de Lisvart et d'Oriane, le chevalier Beau-Ténébreux multiplie les victoires et prend le nom de chevalier de la « Verde Espée ». Amadis domine bientôt l'univers : il triomphe en Allemagne, en Italie, en Grèce..., arrache Oriane à l'empereur d'Occident. Enfin les deux amants sont réunis. Le livre s'achève par les noces d'Amadis et d'Oriane, de Galaor (frère d'Amadis) et de Briolanie... Urgande surgit de la mer et prophétise le glorieux destin d'Esplandian, fils d'Amadis et d'Oriane, armé chevalier.

Ce roman jouit d'une popularité immense en Europe, fut traduit, imité, continué. On connaît surtout l'*Amadis* du Tasse (1560) et l'*Amadis de Gaule* de Quinault (livret) et Lulli (musique), tragédie lyrique (1684).

● Roland amoureux (1486-1506)

Poème de chevalerie de l'écrivain italien Boiardo, publié en 1486, 1495 et 1506.

Lors d'un tournoi offert par Charlemagne, survient à Paris une jeune fille extraordinairement belle, Angélique, accompagnée de son frère Argail. De nombreux chevaliers s'éprennent d'elle, surtout Roland et Renaud. Argail, confiant dans ses armes enchantées, lance un défi, mais il est tué. Angélique s'enfuit, poursuivie par Roland et Renaud. Mais la jeune fille boit une eau magique qui la rend amoureuse de Renaud, tandis que celui-ci se désaltère au contraire à la fontaine de la haine et se met à fuir Angélique. Gradasso, qui convoite le cheval de Renaud (Bayard) et l'épée de Roland (Durandal) attaque les Français et leurs alliés; d'abord vainqueur, il est finalement battu en combat singulier par Astolphe, défenseur de Paris. Astolphe et Roland sauvent ensuite Angélique, assiégée par un amoureux éconduit, Agrican, roi de Tartarie. Elle se fait ramener en France par le naïf Roland. Mais voici que les rôles sont intervertis : Angélique boit de l'eau de haine, et Renaud de l'eau d'amour. Dès lors une lutte féroce s'engage entre les deux cousins, Roland et Renaud. Survient le siège de Paris...

Le poème est inachevé. Il va être continué par l'Arioste.

● Roland furieux (1502-1532)

Ce poème en 46 chants, composé par l'Arioste (1474-1533) entre 1502 et 1532, reprend l'histoire de Roland là où Boiardo l'avait laissée. Alors que la bataille tourne mal pour les chrétiens, Angélique s'enfuit de nouveau. Plusieurs chevaliers se lancent à sa poursuite : Renaud, Ferrau, Sacripant, Roger... Capturée par des corsaires, elle est abandonnée dans l'Ile des Plaintes : c'est là que Roger, monté sur l'Hippogriffe, vient la délivrer; sur le point de succomber au charme de son sauveur, Angélique se rend invisible grâce à un anneau magique. Revenue près de Paris, elle s'éprend d'un chevalier sarrasin, Médor, l'épouse et gagne avec lui le royaume de Cathay, sur lequel il régnera.

Mais Roland la cherche toujours. Après de nombreux exploits, il découvre près d'une grotte les initiales entrelacées de Médor et d'Angélique. Comprenant l'affreuse vérité, il perd la raison, erre à travers la France et l'Espagne, ravage tout sur son passage. Dieu cependant le prend en pitié : saint Jean confie au chevalier Astolphe une ampoule qui recèle la raison de Roland. Ce dernier, contraint de respirer l'ampoule, émerge enfin de sa folie et entreprend de se racheter. Dans l'île de Lipaduse, il s'unit à Olivier et à Brandimart pour affronter les trois sarrasins, Gradasse, Sobrin et Agramant, en un combat qui décidera de l'issue de la guerre. Brandimart est tué, mais les chrétiens l'emportent.

Le poème ne s'achève pas pour autant. L'Arioste nous fait assister aux traverses de l'amour qui existe entre Roger, chevalier sarrasin qu'un ermite convertira, et Bradamante, vierge guerrière, sœur de Renaud. Ce sont les épisodes célèbres où Roger succombe aux doux sortilèges du magicien Atlant et de la fée Alcine... Nous sont contées aussi les aventures d'Astolphe, le moins valeureux des preux chrétiens, de Rodomont, le plus redoutable des Sarrasins.

Après la description « en surface » qui caractérise les épopées médiévales, où toute l'histoire du personnage est condensée en lui dès son apparition et se déroule linéairement, le poème de l'Arioste multiplie les plans et ne peut être pénétré que si on le contemple en perspective. Toute la nature participe à l'aventure des héros, tour à tour vainqueurs et vaincus.

● La Jérusalem délivrée (1580)

Poème épique en vingt chants, de l'écrivain italien Le Tasse (1544-1595), publié en 1580.

Le sujet en est la première croisade. Arrivé depuis six ans en Palestine, Godefroy de Bouillon assiège

Jérusalem. Mais les passions troublent les croisés : Tancrède est épris de la Sarrasine Clorinde; la magicienne Armide, envoyée par le roi de Damas, séduit de nombreux chevaliers et les emprisonne, mais Renaud les délivre. Par la suite Armide, qui s'est éprise de Renaud, l'a entraîné dans un lieu de délices, les Iles fortunées. Le chevalier s'abandonne au charme de la magicienne. Heureusement ses compagnons d'armes le retrouvent et l'arrachent à ces enchantements. Revenu sous Jérusalem, Renaud triomphe de tous les sortilèges du démon. La Ville sainte est prise.

Cette œuvre puissante et pathétique, baignée d'une nostalgie de la pureté, connut immédiatement un succès considérable.

● CHAPITRE IV

LE GRAND SIÈCLE ET LA MAGNIFICATION DU HÉROS

Le grand siècle apparaît trop souvent comme un peu solennel. On oublie que les Français de ce temps-là furent passionnés de romans, d'épopées et de contes de fées. On lisait les adaptations en prose de certaines œuvres médiévales; beaucoup s'enchantaient d'*Amadis de Gaule* et des épopées italiennes; on raffola des tragi-comédies...

L'Astrée, d'Honoré d'Urfé (1607-1627), si elle est marquée avant tout par la pastorale espagnole, contient bien des pages qui l'apparentent aux romans chevaleresques de l'âge précédent. De 1620 à 1630 paraissent 24 romans d'aventures héroïques. Ce « roman héroïque » va connaître un succès immense au moins jusque vers 1660 : le personnage central est emprunté à l'histoire (Cyrus, Vercingétorix...) et se meut dans une atmosphère d'héroïsme guerrier et de galanterie; après avoir mis des volumes à triompher de ses ennemis, il épouse sa bien-aimée. On compte parmi les plus grands succès de librairie *Cassandre* (10 vol., 1642-1645) et *Cléopâtre* (12 vol., 1646-1658) de La Calprenède, *Le Grand Cyrus* (10 vol., 1649-1653) et *Clélie* (10 vol., 1654-1661) de Madeleine de

Louis XIV en roi-soleil.

Scudéry. Mais on pourrait citer bien d'autres romans célèbres, œuvres de Boisrobert, Desmarets de Saint-Sorlin, Gomberville. Épris d'héroïsme, les aristocrates contemporains de Richelieu et de Mazarin acclament aussi le théâtre foncièrement héroïque de Corneille. Ils admirent la réalisation de leur idéal dans la personne du jeune duc d'Enghien, vainqueur des Espagnols à Rocroi en 1643, et multiplient les intrigues romanesques avant et pendant la Fronde (1648-1653)[1].

Toutefois, dans le roman de 1660 la part de la guerre a beaucoup diminué au profit de celle de l'amour. De cette évolution la *Clélie* est un témoin éloquent. Pourtant les esprits demeurent hantés par la rêverie épique : à tel point que les années 1650-1670 voient paraître une floraison d'épopées. Les écrivains ambitionnaient de faire briller ce merveilleux chrétien dont *La Jérusalem délivrée* du Tasse leur paraissait une admirable mise en œuvre. Saint-Amant publie un *Moïse sauvé* (1653), Le Moyne un *Saint Louis* (remanié en 1658), G. de Scudéry un *Alaric* (1654), Godeau un *Saint Paul* (1654), Chapelain douze chants de sa *Pucelle* (1656), Desmarets un *Clovis* (1657), Lesfargues un *David* (1660), J. de Coras un *Jonas*, un *Josué*, un *Samson*, un *David* (1663-1665), Le Laboureur un *Charlemagne* (1664), Carrel de Sainte-Garde un *Childebrand* (1666)... Hélas! toutes ces œuvres sont médiocres. Ces « doctes » savent trop de choses. Ils sont prisonniers d'une esthétique étriquée, étrangère à l'essence même de l'épopée, qui suppose démesure, invraisemblance, génie...

Dans la seconde moitié du siècle, Louis XIV développe la religion royale (le roi est un être sacré, oint à Reims, thaumaturge...) et s'impose comme le Roi-Soleil. Les écrivains célèbrent à l'envi le *héros royal*.

De 1661 à 1685 surtout est organisé un véritable service de la « gloire du roi ». Colbert fait travailler les artistes pour son maître; on frappe des monnaies avec devises et emblèmes solaires; les constructions grandioses se multiplient (Versailles n'est que la plus fameuse). De cette glorification, l'*Oraison funèbre de Marie-Thérèse*, femme de Louis XIV, est toute remplie : Bossuet, qui n'avait pas grand-chose à dire sur cette reine effacée, célèbre « le plus grand roi de l'univers ». Les grands personnages, eux aussi, sont magnifiés, mais seulement

---

1. Voir *Héroïsme et création littéraire sous les règnes d'Henri IV et de Louis XIII*, n° 16 des *Actes et Colloques* de l'Université de Strasbourg, 1974.

après leur mort, dans de non moins somptueuses oraisons funèbres.

De tant de goût pour l'héroïsme que subsiste-t-il aujourd'hui dans l'ordre littéraire? Essentiellement l'œuvre puissante de Corneille (de 1630 à 1680), quelques fragments épiques de Bossuet *(Oraisons funèbres)* et de Racine (*Mithridate*, 1673; *Athalie*, 1691).

Mais face à cette exaltation héroïque se dresse le sévère christianisme augustinien, dont le centre le plus actif au milieu du siècle est Port-Royal. Les attaques de Pascal, puis de La Rochefoucauld, constituent, selon l'heureuse expression de P. Bénichou (*Morales du grand siècle*, Gallimard, Paris, 1948), une radicale « démolition du héros ».

● L'héroïsme cornélien

Presque toute l'œuvre dramatique de Corneille (1606-1684) est inspirée par une intense rêverie de l'héroïsme. On a longtemps disserté sur la *psychologie* de ses personnages; on se demandait s'ils étaient *humains*. Et comme le grand siècle, assurait-on, doit sa supériorité à la *fine analyse des sentiments humains*, on s'évertuait à s'extasier sur la délicatesse de Chimène ou de Pauline. Évidemment Horace et ses semblables gênaient un peu! On parvenait mal à comprendre leur désinvolture à l'égard des princes ou, parfois, des femmes.

Cette œuvre ne doit-elle pas être lue et méditée tout autrement? Le héros cornélien n'est pas simplement un homme, puisque c'est un héros. Ce n'est ni l'homme tel qu'il est, ni l'homme tel qu'il devrait être, c'est *l'homme tel qu'il se rêve* dans ses moments d'exaltation. Sa psychologie est peu fouillée : c'est la loi même de l'univers épique (récemment les tentatives de westerns psychologiques n'ont guère été concluantes). On s'attachera donc à découvrir dans ces tragédies la présence des *contrastes* (inconnu se révélant tout à coup au monde, vaincu qui est en réalité le vainqueur...), les *épreuves* ou *travaux* des héros, le héros-*sauveur*, les rapports entre les surhommes et les hommes ordinaires (notamment *les rois*, les hauts fonctionnaires), le rôle de *la femme*, l'héroïsme féminin, le thème lumineux de la « *gloire* »...

La lecture proposée ici pour *Le Cid* peut inspirer une interprétation analogue de toutes les grandes tragédies de Corneille.

LE SCHÉMA DU CID

Plus simple que le drame espagnol, la pièce n'a heureusement pas l'unité de la tragédie classique.

I,	1. *Chez Chimène.* De deux prétendants, Chimène préfère Rodrigue que le Comte estime. Don Diègue, père de Rodrigue, doit demander la main de Chimène après le Conseil où sera nommé le gouverneur du prince. Craintes de Chimène.	2. *Chez l'Infante.* L'Infante aime Rodrigue; son rang lui interdisant de l'épouser, elle l'a rapproché de Chimène. Ce mariage, si douloureux pour l'Infante, apaisera ses tourments.	L'univers féminin
	3. Le Comte et don Diègue sortent du Conseil; don Diègue a été nommé; le Comte lui donne un soufflet.		Le héros d'hier et le héros d'aujourd'hui
4, 5, 6.	Désespoir de don Diègue; il confie sa vengeance à Rodrigue, qui hésite; le duel aura-t-il lieu?		Rodrigue est-il de la trempe des héros?
II, 1, 2.	*Sur la place publique.* Le Comte refuse une réparation. Rodrigue le défie.		Le défi héroïque
3,4.	*Chez l'Infante.* L'Infante réconforte Chimène mais, si Rodrigue se venge, Chimène le perd; s'il ne se venge pas, elle le méprise. L'Infante empêchera le duel, mais les deux hommes sont sortis se querellant. Chimène s'enfuit.		L'univers féminin
5.	L'Infante reprend espoir : ce combat éloigne Rodrigue de Chimène et fait présager une valeur qui le rendra digne d'une princesse.		
6.	*Chez le roi.* Le Comte a refusé réparation; don Sanche, amoureux de Chimène, le justifie; le roi le fait taire; d'ailleurs les Mores sont là.		
7.	Le Comte est mort, Chimène vient demander justice.		L'univers politique
8.	Elle accuse; don Diègue riposte. Décision remise. Rodrigue est-il coupable? Chimène l'emportera-t-elle?		
III,	1. *Chez Chimène.* Rodrigue vient offrir sa vie à Chimène. Celle-ci est au palais; Elvire le fait cacher.		Le héros et la femme
	2. Chimène arrive avec don Sanche qui lui offre son épée; il faut attendre la décision du roi.		
	3. Chimène est déchirée entre deux devoirs.		
	4. Rodrigue, apparaissant, lui offre sa vie; elle attend réparation d'un combat régulier. Ils s'aiment mais suivront leur devoir.		
5, 6.	*Dans la rue.* Don Diègue, trouvant enfin Rodrigue, lui dit sa joie; mais les Mores sont là. Que va-t-il advenir de Rodrigue?		
IV,	1. *Chez Chimène.* Elvire annonce le triomphe de Rodrigue. Chimène fera son devoir, malgré tout.	2. L'Infante lui dit qu'on ne poursuit pas le sauveur de la patrie. En vain.	L'acte de Rodrigue L'attente du vainqueur

3. *Chez le roi.* Le roi exalte Rodrigue qui raconte la bataille.

Le triomphe de Rodrigue

4, 5. Chimène vient demander justice. Le roi lui annonce faussement la mort de Rodrigue. Elle s'évanouit, puis demande justice et le roi consent à un duel avec don Sanche. Chimène épousera le vainqueur. Qui sera-t-il ?

V, 1. *Chez Chimène.* Rodrigue vient offrir sa vie. En désespoir de cause, Chimène lui rappelle qu'elle est le prix du combat. Il se défendra.

Le chevalier soumis à sa « dame »

2, 3. *Chez l'Infante.* L'Infante se désespère : Rodrigue est devenu digne d'elle ; par devoir, elle le laissera à Chimène.

La grandeur de Rodrigue

4, 5. *Chez Chimène.* Chimène craint l'issue du combat : son cœur l'éloigne de don Sanche ; son devoir, de Rodrigue. Don Sanche apporte l'épée de Rodrigue, Chimène se désespère.

6. *Chez le roi.* Se croyant libérée par la mort de Rodrigue, elle demande au roi de ne pas l'obliger à épouser don Sanche. Mais Rodrigue n'est pas mort ; elle doit obéir à la loi qu'elle a acceptée.

7. L'Infante lui donne, une seconde fois, Rodrigue : v. 1773-1774.
Rodrigue offre, une dernière fois, sa vie à Chimène ; elle ne le hait pas et doit obéir au roi. Que celui-ci ne lui impose pas un mariage odieux. Rodrigue ira combattre et le temps rendra possible ce qui ne l'est pas encore.

L'ascension héroïque

[LE CRÉPUSCULE D'UN HÉROS]

La grandeur héroïque présente un aspect tragique, si le créateur la ressent comme éphémère. Dans *Le Cid*, les générations de héros s'anéantissent les unes les autres (voir acte I, sc. 3). On remarquera ici les images de la nuit (après le rayonnement solaire), de la chute, de l'hiver. La scène se termine sur la transmission de l'*épée* ancestrale, qui va jouer un grand rôle (voir acte III, sc. 4).

Don Diègue ⟶ Don Gomès ⟶ Don Rodrigue
(le héros   (le héros   (le héros
du passé)   du présent)   nouveau)

Transmission du sang magique

« Tradition » de l'épée ancestrale

UNE PLACE PUBLIQUE DEVANT LE PALAIS ROYAL

Acte I, scène 4 : DON DIÈGUE

O rage ! ô désespoir ! ô vieillesse ennemie !
N'ai-je donc tant vécu que pour cette infamie ?
Et ne suis-je blanchi dans les travaux guerriers

240 Que pour voir en un jour flétrir tant de lauriers ?
Mon bras, qu'avec respect toute l'Espagne admire,
Mon bras, qui tant de fois a sauvé cet empire,
Tant de fois affermi le trône de son roi,
Trahit donc ma querelle [1], et ne fait rien pour moi ?
245 O cruel souvenir de ma gloire passée !
Œuvre de tant de jours en un jour effacée !
Nouvelle dignité, fatale à mon bonheur !
Précipice élevé d'où tombe mon honneur !
Faut-il de votre éclat [2] voir triompher le Comte,
250 Et mourir sans vengeance, ou vivre dans la honte ?
Comte, sois de mon prince à présent gouverneur :
Ce haut rang n'admet point un homme sans honneur ;
Et ton jaloux orgueil, par cet affront insigne,
Malgré le choix du Roi, m'en a su rendre indigne.
255 Et toi, de mes exploits glorieux instrument,
Mais d'un corps tout de glace [3] inutile ornement,
Fer, jadis tant à craindre et qui, dans cette offense,
M'a servi de parade [4], et non pas de défense,
Va, quitte désormais le dernier des humains,
260 Passe, pour me venger, en de meilleures mains.

[LE DÉFI HÉROIQUE]

Cette scène célèbre prélude à l'*épiphanie*, à la manifestation glorieuse du héros jusqu'alors caché en Rodrigue. Elle rappelle d'autres défis du même type : David contre Goliath, Tristan contre le Morholt... La comparaison de ces épisodes fera ressortir l'originalité relative de Corneille.

LA PLACE DEVANT LE PALAIS ROYAL

Acte II, scène 2 : LE COMTE, DON RODRIGUE

DON RODRIGUE

A moi, Comte, deux mots.

---

1. *Ma querelle :* ma cause.
2. *Votre éclat* renvoie aux vers précédents : la *gloire*, l'œuvre, la dignité, l'honneur *brillent*.
3. Glacé par les ans.
4. *Parade :* parure vaine.

LE COMTE

Parle.

DON RODRIGUE

Ote-moi d'un doute.

Connais-tu bien don Diègue?

LE COMTE

Oui.

DON RODRIGUE

Parlons bas; écoute.
Sais-tu que ce vieillard fut la même vertu [1],
400 La vaillance et l'honneur de son temps? le sais-tu?

LE COMTE

Peut-être.

DON RODRIGUE

Cette ardeur que dans les yeux je porte,
Sais-tu que c'est son sang? le sais-tu?

LE COMTE

Que m'importe?

DON RODRIGUE

A quatre pas d'ici je te le fais savoir.

LE COMTE

Jeune présomptueux!

DON RODRIGUE

Parle sans t'émouvoir.
405 Je suis jeune, il est vrai; mais aux âmes bien nées
La valeur n'attend point le nombre des années.

LE COMTE

Te mesurer à moi! qui t'a rendu si vain,
Toi qu'on n'a jamais vu les armes à la main?

DON RODRIGUE

Mes pareils à deux fois ne se font point connaître,
410 Et pour leurs coups d'essai veulent des coups de maître.

_____

1. *La même vertu :* la vaillance même. « Vertu » (*virtus* des Latins, *virtù* des Italiens) désigne l'ensemble des qualités viriles : (en latin. *vir*, l'homme).

LE COMTE

Sais-tu bien qui je suis?

DON RODRIGUE

Oui; tout autre que moi
Au seul bruit de ton nom pourrait trembler d'effroi.
Les palmes dont je vois ta tête si couverte
Semblent porter écrit le destin de ma perte.
415 J'attaque en téméraire un bras toujours vainqueur;
Mais j'aurai trop de force, ayant assez de cœur [1].
A qui venge son père il n'est rien impossible [2].
Ton bras est invaincu, mais non pas invincible.

LE COMTE

Ce grand cœur qui paraît aux discours que tu tiens,
420 Par tes yeux, chaque jour, se découvrait aux miens;
Et croyant voir en toi l'honneur de la Castille,
Mon âme avec plaisir te destinait ma fille.
Je sais ta passion, et suis ravi de voir
Que tous ses mouvements cèdent à ton devoir;
425 Qu'ils n'ont point affaibli cette ardeur magnanime;
Que ta haute vertu répond à mon estime;
Et que, voulant pour gendre un cavalier [3] parfait,
Je ne me trompais point au choix que j'avais fait;
Mais je sens que pour toi ma pitié s'intéresse;
430 J'admire ton courage, et je plains ta jeunesse.
Ne cherche point à faire un coup d'essai fatal;
Dispense ma valeur d'un combat inégal;
Trop peu d'honneur pour moi suivrait cette victoire :
A vaincre sans péril, on triomphe sans gloire.
435 On te croirait toujours abattu sans effort;
Et j'aurais seulement le regret de ta mort.

DON RODRIGUE

D'une indigne pitié ton audace est suivie :
Qui m'ose ôter l'honneur craint de m'ôter la vie?

LE COMTE

Retire-toi d'ici.

---

1. *Cœur :* courage.
2. Rien *d*'impossible, aujourd'hui.
3. *Cavalier :* chevalier, dans l'édition de 1637; ensuite Corneille a préféré *cavalier*, devenu à la mode sous l'influence de l'Espagne et de l'Italie.

DON RODRIGUE

Marchons sans discourir.

LE COMTE

440 Es-tu si las de vivre?

DON RODRIGUE

As-tu peur de mourir?

LE COMTE

Viens, tu fais ton devoir, et le fils dégénère
Qui survit un moment à l'honneur de son père.

Les coutumes du théâtre de 1630-1640 conduisaient Corneille à exclure le duel réel de la scène. Contrairement à l'auteur du *Mariage de Roland*, il n'évoque pas le combat de deux héros. Mais il transforme la réalité assez brutale et simple du défi (*Iliade*, westerns...).

— Comparez les éléments de ce défi aux épisodes analogues que vous connaissez (dans l'*Iliade*, dans tel combat singulier de western, etc.).

— Les héros rappellent *qui* ils sont, même s'ils se connaissent déjà. En quoi ce rappel est-il ici typiquement cornélien? Montrez comment le héros cornélien, soucieux de se faire *reconnaître*, se livre à une véritable exaltation de son *moi*.

— Ici prend fin la *vie cachée* de Rodrigue : son héroïsme ne se laisse-t-il pas pressentir grâce au rôle joué par le *sang* et par les *yeux* (vers 25-30)?

— Le futur héros ignore l'hésitation (sauf dans les Stances : I, 6). Il heurte de plein fouet l'homme établi qu'est le Comte. Montrez que la supériorité de son âme apparaît dans la force des vers qu'il prononce (sonorités, maximes).

— Cette scène est devenue fameuse, parce qu'elle recèle une considérable puissance mythique. A l'aide d'exemples précis, indiquez en quoi elle ébranle nos imaginations : jeunesse contre classe établie, ardeur et élan contre suffisance, présages de l'héroïsme de Rodrigue (au lieu des prophéties habituelles concernant le héros, Corneille recourt à des réalités intérieures : le sang magique de la race, le feu du regard). Cette scène constitue une sorte d'adoubement invisible de Rodrigue.

[LE CHEVALIER SOUMIS A SA DAME]

Lors de sa première rencontre avec Chimène (III, 4), Rodrigue demeurait près de l'adolescence (maladresses : il montre l'épée; tutoiement... D'où le glissement vers la tendresse, le duo de la jeunesse opprimée par les « pères »). Ici apparaît le héros devenu pleinement conscient de sa puissance, le libérateur de tout un peuple.

Si l'amour de sa « gloire » semble la passion dominante de Rodrigue, le héros ne conçoit pas de vivre sans l'amour de Chimène.

CHEZ CHIMÈNE

Acte V, scène 1 : DON RODRIGUE, CHIMÈNE

CHIMÈNE

1465 Quoi! Rodrigue, en plein jour! d'où te vient cette
[audace?
Va, tu me perds d'honneur; retire-toi, de grâce.

DON RODRIGUE

Je vais mourir, Madame, et vous viens en ce lieu,
Avant le coup mortel, dire un dernier adieu :
Cet immuable amour qui sous vos lois m'engage
1470 N'ose accepter ma mort sans vous en faire
[hommage [1].

CHIMÈNE

Tu vas mourir !

DON RODRIGUE

Je cours à ces heureux moments
Qui vont livrer ma vie à vos ressentiments. [2]

---

1. Rédaction primitive des vers 1469-1470 :
    « Mon amour vous le doit, et mon cœur qui soupire
    N'ose sans votre aveu sortir de votre empire. »
2. Rédaction primitive des vers 1471-1472 :
    « ... J'y cours, et le comte est vengé
    Aussitôt que de vous j'en aurai le congé. »
Ressentiment : vif sentiment d'une chose désagréable.

CHIMÈNE

Tu vas mourir ! Don Sanche est-il si redoutable
Qu'il donne l'épouvante à ce cœur indomptable?
1475 Qui t'a rendu si faible, ou qui le rend si fort?
Rodrigue va combattre, et se croit déjà mort !
Celui qui n'a pas craint les Mores, ni mon père,
Va combattre don Sanche, et déjà désespère !
Ainsi donc au besoin [1] ton courage s'abat !

DON RODRIGUE

1480 Je cours à mon supplice, et non pas au combat;
Et ma fidèle ardeur sait bien m'ôter l'envie,
Quand vous cherchez ma mort, de défendre ma vie.
J'ai toujours même cœur [2]; mais je n'ai point de
[bras
Quand il faut conserver ce qui ne vous plaît pas;
1485 Et déjà cette nuit m'aurait été mortelle
Si j'eusse combattu pour ma seule querelle [3];
Mais défendant mon roi, son peuple et mon pays,
A me défendre mal je les aurais trahis.
Mon esprit généreux [4] ne hait pas tant la vie
1490 Qu'il en veuille sortir par une perfidie.
Maintenant qu'il s'agit de mon seul intérêt,
Vous demandez ma mort, j'en accepte l'arrêt.
Votre ressentiment choisit la main d'un autre
(Je ne méritais pas de mourir de la vôtre) :
1495 On ne me verra point en repousser les coups;
Je dois plus de respect à qui combat pour vous;
Et ravi [5] de penser que c'est de vous qu'ils viennent,
Puisque c'est votre honneur que ses armes sou-
[tiennent,
Je vais lui présenter mon estomac [6] ouvert,
1500 Adorant de sa main la vôtre qui me perd.

CHIMÈNE

Si d'un triste devoir la juste violence,
Qui me fait malgré moi poursuivre ta vaillance,

---

1. *Au besoin :* dans le besoin (et non : éventuellement).
2. *Cœur :* courage.
3. *Querelle :* cause.
4. *Généreux :* noble, de grande race.
5. *Ravi* a un sens plus fort qu'aujourd'hui : transporté.
6. *Estomac :* mot plus noble que *poitrine*, d'après Vaugelas.

Prescrit à ton amour une si forte loi
Qu'il te rend sans défense à qui combat pour moi,
1505 En cet aveuglement ne perds pas la mémoire
Qu'ainsi que de ta vie il y va de ta gloire,
Et que dans quelque éclat que Rodrigue ait vécu,
Quand on le saura mort, on le croira vaincu.
 Ton honneur t'est plus cher que je ne te suis chère,
1510 Puisqu'il trempe tes mains dans le sang de mon
[père,
Et te fait renoncer, malgré ta passion,
A l'espoir le plus doux [1] de ma possession :
Je t'en vois cependant faire si peu de conte [2],
Que sans rendre combat tu veux qu'on te surmonte.
1515 Quelle inégalité ravale ta vertu? [3]
Pourquoi ne l'as-tu plus, ou pourquoi l'avais-tu?
Quoi? n'es-tu généreux que pour me faire outrage?
S'il ne faut m'offenser, n'as-tu point de courage?
Et traites-tu mon père avec tant de rigueur,
1520 Qu'après l'avoir vaincu, tu souffres un vainqueur?
Va, sans vouloir mourir, laisse-moi te poursuivre,
Et défends ton honneur, si tu ne veux plus vivre.

DON RODRIGUE

Après la mort du Comte, et les Mores défaits [4],
Faudrait-il à ma gloire encor d'autres effets [5]?
1525 Elle peut dédaigner le soin de me défendre :
On sait que mon courage ose tout entreprendre,
Que ma valeur peut tout, et que dessous les cieux,
Auprès de mon honneur, rien ne m'est précieux.
Non, non, en ce combat, quoique vous veuilliez
[croire,
1530 Rodrigue peut mourir sans hasarder sa gloire,
Sans qu'on l'ose accuser d'avoir manqué de cœur,
Sans passer pour vaincu, sans souffrir un vainqueur.
On dira seulement : « Il adorait Chimène;

---

1. *Le plus doux* : qui était pour toi le plus doux.
2. *Conte*, pour *compte*.
3. Vers 1515 : quelle inégalité d'humeur (caprice) avilit ta vaillance?
4. Tour latin : après la défaite des Mores.
5. *Effets* : réalisations, marques.

Il n'a pas voulu vivre et mériter sa haine ;
1535 Il a cédé lui-même à la rigueur du sort
Qui forçait sa maîtresse à poursuivre sa mort :
Elle voulait sa tête ; et son cœur magnanime,
S'il l'en eût refusée [1], eût pensé faire un crime.
Pour venger son honneur il perdit son amour,
1540 Pour venger sa maîtresse il a quitté le jour,
Préférant, quelque espoir qu'eût son âme asservie,[2]
Son honneur à Chimène, et Chimène à sa vie. »
Ainsi donc vous verrez ma mort en ce combat,
Loin d'obscurcir ma gloire, en rehausser l'éclat ;
1545 Et cet honneur suivra mon trépas volontaire,
Que [3] tout autre que moi n'eût pu vous satisfaire.

CHIMÈNE

Puisque pour t'empêcher de courir au trépas,
Ta vie et ton honneur sont de faibles appas,
Si jamais je t'aimai, cher Rodrigue, en revanche,
1550 Défends-toi maintenant pour m'ôter à don Sanche ;
Combats pour m'affranchir d'une condition
Qui me donne à l'objet de mon aversion.
Te dirai-je encor plus ? va, songe à ta défense,
Pour forcer mon devoir, pour m'imposer silence ;
1555 Et si tu sens pour moi ton cœur encore épris,
Sors vainqueur d'un combat dont Chimène est le
[prix.
Adieu : ce mot lâché [4] me fait rougir de honte.

DON RODRIGUE, *seul.*

Est-il quelque ennemi qu'à présent je ne dompte ?
Paraissez, Navarrais, Mores et Castillans,
1560 Et tout ce que l'Espagne a nourri de vaillants,
Unissez-vous ensemble, et faites une armée,
Pour combattre une main de la sorte animée :
Joignez tous vos efforts contre un espoir si doux ;
Pour en venir à bout, c'est trop peu que de vous.

1. On disait au XVIIᵉ siècle : refuser quelqu'un de quelque chose.
2. *Asservie :* selon la morale courtoise, le chevalier est absolument soumis à sa « dame ».
3. *Que :* (à savoir) que.
4. Tour latin : le fait que j'aie lâché ce mot.

Dédaignant la conception « classique » de la bienséance, Corneille a créé deux rencontres de Rodrigue et de Chimène (III, 4 et V, 1). Il a senti que tous les spectateurs souhaitaient ces entretiens et noté qu'aux représentations, « il s'élevait un certain frémissement dans l'assemblée » *(Examen de 1660)*. Mais le rôle de Rodrigue a été diversement compris par les critiques : si la critique traditionnelle croit à la bonne foi du héros, O. Nadal *(Le Sentiment de l'amour dans l'œuvre de P. Corneille*, 1948) perçoit un certain machiavélisme chez Rodrigue, qui selon lui connaît la faiblesse de Chimène et la réduit aux abois très lucidement. Nadal parle de « chasseur » et de « proie », d' « hallali passionnel », etc. S. Doubrovsky (*Corneille et la dialectique du héros*, 1963) croit à la sincérité de Rodrigue, mais conclut à l'impuissance et à l'humiliation d'une Chimène incapable de se situer parmi les « maîtres ». On pourrait également être tenté d'interpréter Rodrigue comme un personnage quasi stendhalien, à la fois roué et « fou », comme Julien Sorel prenant la main de madame de Rênal *(Le Rouge et le Noir)* ou Fabrice dans la scène avec Clélia à la Tour Farnèse *(La Chartreuse de Parme)*.

Une étude précise sur cette scène conduit peut-être à une lecture toute différente : en effet de nombreux termes situent Rodrigue dans la *chevalerie courtoise* telle qu'elle apparaissait à Corneille (c'est le temps de la préciosité) : *hommage, prix, conquête*...

Chimène est tellement persuadée que le héros est invincible qu'elle commence à ironiser. Elle ne prend peur qu'au moment où son chevalier annonce son refus de se défendre. Elle est fascinée par Rodrigue et admet la conception médiévale selon laquelle la femme est « conquise » par le héros.

Les vers 1523-1546 constituent une célébration personnelle inouïe : hyperboles, épitaphe ronsardienne (« Quand vous serez bien vieille... »), retour des mots magiques du héros cornélien (honneur, gloire...).

Pour élucider les rapports entre Rodrigue et Chimène, il faut donc voir en eux des personnages de la chevalerie. Le héros est soumis totalement à sa « dame », sauf en ce qui regarde l'honneur (tandis que dans le *Lancelot ou le Chevalier à la charrette*, de Chrétien de Troyes, Lancelot renonce à son honneur et à toute fierté, pour obéir à Guenièvre). Le vers 1509 est significatif, c'est bien l'amour pour la « gloire » qui domine dans l'âme du héros (nous sommes proches de *Érec et Énide*, de Chrétien de Troyes).

[L'ASCENSION HÉROÏQUE]

La pièce s'arrête alors que les perspectives les plus vastes s'ouvrent devant le héros. Comme les anciens chevaliers, Rodrigue va courir le monde et s'illustrer pour mériter sa dame : évidemment, si l'on adopte ce point de vue, *Le Cid* finit bien. Selon la logique du « modèle héroïque », le rayonnement du héros fascite même ou surtout les filles de ses victimes.

Chez le roi

Acte V, scène 7 : DON FERNAND, DON DIÈGUE, DON ARIAS, DON RODRIGUE, DON ALONSE, DON SANCHE, L'INFANTE, CHIMÈNE, LÉONOR, ELVIRE

DON RODRIGUE

1775 Ne vous offensez point, Sire, si devant vous
Un respect amoureux me jette à ses genoux.
    Je ne viens point ici demander ma conquête :
Je viens tout de nouveau vous apporter ma tête,
Madame; mon amour n'emploiera point pour moi
1780 Ni la loi du combat, ni le vouloir du Roi.
    Si tout ce qui s'est fait est trop peu pour un père,
Dites par quels moyens il vous faut satisfaire.
Faut-il combattre encor mille et mille rivaux,
Aux deux bouts de la terre étendre mes travaux [1],
1785 Forcer moi seul un camp, mettre en fuite une armée,
Des héros fabuleux [2] passer la renommée?
Si mon crime par là se peut enfin laver,
J'ose tout entreprendre, et puis tout achever;
Mais si ce fier honneur, toujours inexorable,
1790 Ne se peut apaiser sans la mort du coupable,
N'armez plus contre moi le pouvoir des humains :
Ma tête est à vos pieds, vengez-vous par vos mains;
Vos mains seules ont droit de vaincre un invincible;
Prenez une vengeance à tout autre impossible.
1795 Mais du moins que ma mort suffise à me punir :
Ne me bannissez point de votre souvenir;

---

1. *Travaux* héroïques (cf. Héraklès).
2. *Fabuleux :* de la Fable (Achille, Thésée, Héraklès, etc.).

Et puisque mon trépas conserve votre gloire,
Pour vous en revancher conservez ma mémoire,
Et dites quelquefois, en déplorant mon sort :
1800 « S'il ne m'avait aimée, il ne serait pas mort. »

CHIMÈNE

Relève-toi, Rodrigue. Il faut l'avouer, Sire,
Je vous en ai trop dit pour m'en pouvoir dédire.
Rodrigue a des vertus que je ne puis haïr ;
Et quand un roi commande, on lui doit obéir.
1805 Mais à quoi que déjà vous m'ayez condamnée,
Pourrez-vous à vos yeux souffrir cet hyménée?
Et quand de mon devoir vous voulez cet effort,
Toute votre justice en est-elle d'accord?
Si Rodrigue à l'État devient si nécessaire,
1810 De ce qu'il fait pour vous dois-je être le salaire,
Et me livrer moi-même au reproche éternel
D'avoir trempé mes mains dans le sang paternel?

DON FERNAND

Le temps assez souvent a rendu légitime
Ce qui semblait d'abord ne se pouvoir sans crime :
1815 Rodrigue t'a gagnée, et tu dois être à lui.
Mais quoique sa valeur t'ait conquise aujourd'hui,
Il faudrait que je fusse ennemi de ta gloire,
Pour lui donner sitôt le prix de sa victoire.
Cet hymen différé ne rompt point une loi
1820 Qui sans marquer de temps lui destine ta foi.
Prends un an, si tu veux, pour essuyer tes larmes.
Rodrigue, cependant [1] il faut prendre les armes.
Après avoir vaincu les Mores sur nos bords,
Renversé leurs desseins, repoussé leurs efforts,
1825 Va jusqu'en leur pays leur reporter la guerre,
Commander mon armée, et ravager leur terre :
A ce nom seul de Cid ils trembleront d'effroi;
Ils t'ont nommé seigneur, et te voudront pour roi.
Mais parmi tes hauts faits sois-lui toujours fidèle :
1830 Reviens-en, s'il se peut, encor plus digne d'elle;
Et par tes grands exploits fais-toi si bien priser [2]
Qu'il lui soit glorieux alors de t'épouser.

---

1. *Cependant* : pendant ce temps.
2. *Priser* : estimer.

DON RODRIGUE

Pour posséder Chimène, et pour votre service,
Que peut-on m'ordonner que mon bras n'accom-
[plisse?
1835 Quoi qu'absent [1] de ses yeux il me faille endurer,
Sire, ce m'est trop d'heur [2] de pouvoir espérer.

DON FERNAND

Espère en ton courage, espère en ma promesse;
Et possédant déjà le cœur de ta maîtresse,
Pour vaincre un point d'honneur qui combat
[contre toi,
1840 Laisse faire le temps, ta vaillance et ton roi.

Les avis divergent sur l'issue du *Cid*. Selon les uns, la pièce finit mal, le mariage est impossible : c'est la grisaille dans laquelle s'achève *La Princesse de Clèves* (1678). Tel est en particulier l'avis d'O. Nadal. D'autres soulignent que la tragi-comédie comporte toujours une fin heureuse. Corneille lui-même a flotté dans l'interprétation de son propre texte. En réalité, ouvert aux suggestions du mythe héroïque, le grand dramaturge a parfaitement senti que l'éclat solaire du héros tend à le situer au-delà du bien et du mal, et que les femmes sont irrésistiblement attirées par lui. Le *texte* va donc dans ce sens. Mais Corneille ne peut pas ne pas songer à son public, à l'accueil des « doctes », aux yeux desquels la reine des facultés est l'intelligence, la triste raison, et non l'imagination. De là cette « solution » du *délai*, sur laquelle Corneille insiste, comme l'attestent les adverbes de temps disséminés dans ce passage. En fait ce subterfuge constitue un affaiblissement du « modèle ». Qu'on pense à Périgouné se donnant *sur-le-champ* à Thésée (introduction); à Yseut, ravie d'épouser Tristan, meurtrier de son oncle. Dans *Huon de Bordeaux*, Huon s'enfuit avec Esclarmonde, dont il vient de tuer le père. La Ximena du *Romencero* demande à épouser Rodrigue. Dans *Yvain ou le Chevalier au lion* de Chrétien de Troyes, Laudine épouse Yvain, qui vient de tuer son mari, non sans avoir d'abord adopté l'attitude de justicière de Chimène, ce qui fait écrire à l'auteur : « Elle a en soi cette folie que toute femme porte en elle; presque toutes

_____

1. *Absent de ses yeux :* loin d'elle.
2. *Heur :* bonheur.

agissent de même : n'écoutant que leur folie, elles refusent ce qu'elles désirent ». Mais ce refus est éphémère. Avec « un an » le roi ne prend pas de risques!

Les termes de l'univers chevaleresque reviennent. Et cette scène illustre bien des aspects du « modèle » : nom nouveau du héros (« Seigneur », voir vers 1222-28) ou baptême héroïque; Rodrigue et la Fable; le chevalier et la « dame »; le héros et le roi.

LE « MODÈLE HÉROÏQUE » DANS « LE CID »

Corneille est un puissant imaginatif que l'étroitesse des dogmes classiques (unités, bienséance, vraisemblance, naturel, etc.) a peut-être empêché d'être le Shakespeare français. On peut lire *Le Cid* en s'attachant à y découvrir les vestiges du « modèle héroïque » :

1. *La « vie cachée » du héros* (vers 261, 407-408, 410, 430); les « signes » qui le font « reconnaître » (vers 264-265, 401-402, 419-420).

2. *L'épiphanie du héros*, grâce à diverses « épreuves » :
— l'affrontement du Comte;
— le combat contre les Mores;
— le duel avec Don Sanche.

3. *L'ardeur et la course :* les héros sont généralement très vifs, susceptibles, et l'on parle souvent de leur « colère » (Achille, Samson...). Ce thème est présent dans *Le Cid* (vers 263-266, 415-416...).

Cette vivacité est parfois traduite physiquement par la rapidité (Atalante, Achille, Hercule) et fait du héros *un être qui se précipite*. Il est aisé de rendre manifeste le vocabulaire de la course dans *Le Cid* (vers 290, 295, 346, 1033, 1098, 1480).

4. *Le héros sauveur national* (vers 1115-1116, 1177...) et *baptisé d'un nom divin : Seigneur* (de l'arabe « caïd », vers 1222-28, 1827-28).

5. *Le héros et la femme.*

6. *Le héros et le roi :* on observe dans cette pièce de bien curieux flottements, tout comme dans *Horace*. Le héros n'apparaît guère comme soumis à l'autorité politique, malgré les précautions prises par Corneille. La logique du mythe entraîne ce grand créateur à camper des rois

faibles en face des héros (voir *Le Cid, Horace, Polyeucte, Nicomède..., Suréna*).

7. *La « gloire » et l'ascension solaires.*

Mot-clé du théâtre cornélien, « gloire » (presque toujours associé, à la rime, à « victoire » ou à « mémoire », au sens de renommée) désigne la réalisation passionnée de ce que le « moi » a choisi, que ce choix consiste en crimes grandioses *(Rodogune)* ou coïncide à peu près avec la morale reçue dans une caste *(Le Cid)*, dans l'Occident stoïcien *(Cinna)* ou chrétien *(Polyeucte)*. Poète, Corneille s'enchante visiblement de ce vocable splendide, sphérique et irradiant comme le soleil.

Seule une étude attentive permettra de préciser la portée du mot « **gloire** », les vocables qu'il attire, les images sous-jacentes... dans *Le Cid*. Voici la liste des vers où « gloire » est employé (les chiffres en italique sont ceux des vers où le mot est à la rime) :

Gloire : 97; 123; *201*; 245; 313; *332*; *334*; *546*; *602*; *685*; *701*; 842; 846; 904; *914*; 916; 938; 954; 971; *1054*; 1092; *1138*; 1210; 1302; *1421*; *1506*; 1524; *1530*; 1544; 1574; 1656; 1682; 1711; 1766; *1797*; *1817* (extrait de l'*Index du vocabulaire du théâtre classique : Corneille-II, index des mots du Cid*, par P. Guiraud, Paris, 1956).

DOCUMENT

[GLOIRE DU CHRIST HÉROS RESSUSCITANT]

Tu surgis seule et dans le feu de ton visage
Encore et pourtant je te reconnais
O face blonde et qui sur cette terre
Vécut auréolée de cheveux d'or flambants
O corps immense et qui sur cette terre
A porté le buisson le plus rouge et ardent
Visage dur qui eut des yeux ou lacs profonds
Velours où tu t'évanouis de plaisir pur.
Mais tu as bien changé : tout le vrai a cédé
Sous la fatale invasion de la merveille
Tu es heureuse enfin après la tombe vieille
Tu n'as qu'un seul regard pour ton ascension.

(Extrait de « Résurrection des morts »
dans *Gloire* par P.-J. JOUVE, 1942.)

● **Pascal ou « la démolition du héros »**

Les *Pensées* de Pascal (1623-1662), rédigées à partir de 1656-1657, constituent avec les *Maximes* (1664) de La Rochefoucauld (1613-1680) le plus impitoyable réquisitoire contre la rêverie héroïque. Quelle sotte vanité que de se rêver au-dessus des autres hommes! Quelle illusion! Ce n'est pas par hasard que Pascal admirait le *Don Quichotte* de Cervantès (1547-1616) et *Le Roman comique* de Scarron (1610-1660), qui campent des héros ridicules. Le théâtre de Corneille ne lui a inspiré que des sarcasmes.

Ces attaques procèdent de la puissante vision du monde élaborée par saint Augustin (354-430), particulièrement en honneur à Paris pendant tout le XVIIe siècle : l'homme déchu par suite d'une mystérieuse faute originelle est devenu mortel, ignorant, en proie à ses désirs. Mais en lui la racine la plus profonde du mal, c'est l'orgueil : il veut se faire dieu, il n'aime que lui-même. Fait pour être uni à son Créateur, il refuse de *recevoir* de Lui assistance. Alors cette âme faite pour accueillir l'immensité divine ne sait plus de quels biens se rassasier : l'homme se dissipe dans l'agitation, fait la guerre, recherche la joie de la domination... Vainement! Il sent bien, à la fin, que son cœur reste vide. L'héroïsme est duperie.

[« LA DÉMOLITION DU HÉROS »]

On pourra étudier dans l'ensemble des *Pensées* (ou dans les *Maximes*) les innombrables attaques contre les différents aspects de la rêverie héroïque. Pascal va souvent au fond du problème et met à nu la racine même de ces rêves : l'orgueil humain, l'amour exclusif de soi-même (ou *amour-propre*, au sens du XVIIe siècle), la tyrannie de ce qu'il avait pris l'habitude d'appeler le *moi*. Les quelques fragments cités ici sont numérotés d'après l'édition Lafuma de 1951 (1er no) et d'après l'édition Brunschvicg (2e no).

Qui ne voit pas la vanité du monde est bien vain lui-même. Aussi qui ne la voit, excepté de jeunes gens qui sont tous dans le bruit, dans le divertissement et dans la pensée de l'avenir.

Mais ôtez leur divertissement vous les verrez se sécher d'ennui. Ils sentent alors leur néant sans le connaître, car c'est bien être malheureux que d'être dans une tristesse insupportable, aussitôt qu'on est réduit à se considérer, et à n'en être pas diverti.

(Fr. 36-164)

La douceur de la gloire est si grande qu'à quelque objet qu'on l'attache, même à la mort, on l'aime.

(Fr. 37-158)

Combien de royaumes nous ignorent!

(Fr. 42-207)

L'esprit de ce souverain juge du monde n'est pas si indépendant qu'il ne soit sujet à être troublé par le premier tintamarre qui se fait autour de lui. Il ne faut pas le bruit d'un canon pour empêcher ses pensées. Il ne faut que le bruit d'une girouette ou d'une poulie. Ne vous étonnez point s'il ne raisonne pas bien à présent, une mouche bourdonne à ses oreilles : c'en est assez pour le rendre incapable de bon conseil [1]. Si vous voulez qu'il puisse trouver la vérité, chassez cet animal qui tient sa raison en échec et trouble cette puissante intelligence qui gouverne les villes et les royaumes.

Le plaisant dieu que voilà. O ridicolosissimo eroe!

(Fr. 48-366)

Nous sommes si présomptueux que nous voudrions être connus de toute la terre et même des gens qui viendront quand nous ne serons plus. Et nous sommes si vains que l'estime de 5 ou 6 personnes qui nous environnent nous amuse et nous contente.

(Fr. 120-148)

Nulle autre religion n'a proposé de se haïr, nulle autre religion ne peut donc plaire à ceux qui se haïssent et qui cherchent un être véritablement aimable. Et

---

1. *Conseil* : dessein.

ceux-là, s'ils n'avaient jamais ouï parler de la religion d'un Dieu humilié, l'embrasseraient incontinent.
(Fr. 220-468)

Le christianisme est étrange; il ordonne à l'homme de reconnaître qu'il est vil et même abominable, et lui ordonne de vouloir être semblable à Dieu. Sans un tel contrepoids cette élévation le rendrait horriblement vain, ou cet abaissement le rendrait horriblement abject.
(Fr. 351-357)

Qui ne hait en soi son amour-propre et cet instinct qui le porte à se faire Dieu, est bien aveuglé.
(Fr. 617-492)

L'orgueil nous tient d'une possession si naturelle au milieu de nos misères, erreur, etc. Nous perdons encore la vie avec joie pourvu qu'on en parle.
(Fr. 628-153)

Cromwell allait ravager toute la chrétienté; la famille royale était perdue, et la sienne à jamais puissante sans un petit grain de sable qui se mit dans son uretère. Rome même allait trembler sous lui. Mais ce gravier s'étant mis là, il est mort, sa famille abaissée, tout est en paix, et le roi rétabli [1].
(Fr. 750-176)

Comminuentes cor. Saint Paul. Voilà le caractère chrétien. Albe vous a nommé, je ne vous connais plus. Corneille. Voilà le caractère inhumain. Le caractère humain est le contraire [2].
(Fr. 897-533)

La nature de l'amour-propre et de ce *moi* humain est de n'aimer que soi et de ne considérer que soi. Mais que fera-t-il? Il ne saurait empêcher que cet objet qu'il aime ne soit plein de défauts et de misère; il veut être grand, il se voit petit; il veut être heureux, et il se voit misérable; il veut être parfait, et il se voit plein d'im-

---

1. Cromwell mourut en 1658 (d'une fièvre, et non de la maladie de la pierre). Son fils Richard ne régna que peu de temps, et la monarchie des Stuarts fut rétablie en 1660. Voir le texte de Bossuet sur Cromwell dans l'*Oraison funèbre d'Henriette de France*.

2. *Comminuentes cor* : *me brisant le cœur* (citation de saint Paul, *Actes des apôtres*, 21, 13.) Pascal oppose cette attitude à l'héroïsme cornélien en évoquant *Horace*, II, 3.

perfections ; il veut être l'objet de l'amour et de l'estime des hommes, et il voit que ses défauts ne méritent que leur aversion et leur mépris. Cet embarras où il se trouve produit en lui la plus injuste et la plus criminelle passion qu'il soit possible de s'imaginer ; car il conçoit une haine mortelle contre cette vérité qui le reprend, et qui le convainc de ses défauts. Il désirerait de l'anéantir, et, ne pouvant la détruire en elle-même, il la détruit, autant qu'il peut, dans sa connaissance et dans celle des autres ; c'est-à-dire qu'il met tout son soin à couvrir ses défauts et aux autres et à soi-même, et qu'il ne peut souffrir qu'on les lui fasse voir ni qu'on les voie.

(Fr. 978-100)

[L'ÉCLAT DES SAINTS]

Dans ce fragment célèbre des *Pensées*, connu sous le titre : « Les trois ordres », Pascal établit une hiérarchie entre les différents types d'hommes réputés supérieurs. A tous il reconnaît *un éclat* (le terme est constamment repris, et les vocables empruntés au registre de la vision sont nombreux). Mais il abaisse le héros traditionnel (le « capitaine », le chef de guerre) devant le héros de la science : en cela il annonce le XVIIIe et le XIXe siècles. Pourtant, en définitive, le seul rayonnement qui ne lui paraisse pas dérisoire est celui des saints, qui sont *humbles*, c'est-à-dire apparaissent commes des *anti-héros*, puisque la source de la rêverie héroïque est l'exaltation du moi (on sait qu'aux yeux des mythologues le *nimbe* des saints, comme la *couronne d'or* des rois, renvoie à une imagerie solaire).

La distance infinie des corps aux esprits figure la distance infiniment plus infinie des esprits à la charité, car elle est surnaturelle.

Tout l'éclat des grandeurs n'a point de lustre pour les gens qui sont dans les recherches de l'esprit.

La grandeur des gens d'esprit est invisible aux rois, aux riches, aux capitaines, et tous ces grands de chair.

La grandeur de la sagesse, qui n'est nulle [1] sinon de Dieu, est invisible aux charnels et aux gens d'esprit. Ce sont trois ordres différents de genre.

Les grands génies ont leur empire, leur éclat, leur grandeur, leur victoire, leur lustre et n'ont nul besoin des grandeurs charnelles, où elles n'ont pas de rapport. Ils sont vus, non des yeux, mais des esprits. C'est assez.

Les saints ont leur empire, leur éclat, leur victoire, leur lustre et n'ont nul besoin des grandeurs charnelles ou spirituelles, où elles n'ont nul rapport, car elles n'y ajoutent ni ôtent. Ils sont vus de Dieu et des anges et non des corps ni des esprits curieux. Dieu leur suffit.

Archimède sans éclat serait en même vénération. Il n'a pas donné des batailles pour les yeux, mais il a fourni à tous les esprits ses inventions. O qu'il a éclaté aux esprits.

J.-C. sans biens, et sans aucune production au dehors de science, est dans son ordre de sainteté. Il n'a pas donné d'inventions. Il n'a point régné, mais il a été humble, patient, saint, saint, saint à Dieu, terrible aux démons, sans aucun péché. O qu'il est venu en grande pompe et en une prodigieuse magnificence aux yeux du cœur et qui voient la sagesse.

Il eût été inutile à N. S. J.-C. pour éclater dans son règne de sainteté de venir en roi, mais il y est bien venu avec l'éclat de son ordre.

Il est bien ridicule de se scandaliser de la bassesse de J.-C., comme si cette bassesse était du même ordre duquel est la grandeur qu'il venait faire paraître.

Qu'on considère cette grandeur-là dans sa vie, dans sa passion, dans son obscurité, dans sa mort, dans l'élection [2] des siens, dans leur abandonnement, dans sa secrète résurrection et dans le reste. On la verra si grande qu'on n'aura pas sujet de se scandaliser d'une bassesse qui n'y est pas.

Mais il y en a qui ne peuvent admirer que les grandeurs charnelles comme s'il n'y en avait pas de spirituelles. Et d'autres qui n'admirent que les spirituelles

---

1. *Qui n'est nulle sinon* (tour latin) : qui provient uniquement de Dieu.
2. *Élection :* le choix des apôtres par le Christ.

comme s'il n'y en avait pas d'infiniment plus hautes dans la sagesse.

Tous les corps, le firmament, les étoiles, la terre et ses royaumes, ne valent pas le moindre des esprits. Car il connaît tout cela, et soi, et les corps rien.

Tous les corps ensemble et tous les esprits ensemble et toutes leurs productions ne valent pas le moindre mouvement de charité. Cela est d'un ordre infiniment plus élevé.

De tous les corps ensemble on ne saurait en faire réussir une petite pensée. Cela est impossible et d'un autre ordre. De tous les corps et esprits, on n'en saurait tirer un mouvement de vraie charité, cela est impossible, et d'un autre ordre, surnaturel.

(*Pensées*, Lafuma 308, Brunschvicg 792.)

● Bossuet, un prélat fasciné par la grandeur

Bossuet (1627-1704) avait la tête épique. Ce prêtre goûtait quelque plaisir à célébrer les héros et les batailles, comme le lui ont reproché certains contemporains. Le début de l'*Oraison funèbre de Condé* est caractéristique à cet égard. Bossuet admirait Corneille malgré son hostilité générale au théâtre (dans l'*Oraison funèbre d'Henriette de France*, Charles Ier est évoqué en héros cornélien). Son idéal, c'est un héroïsme chrétien. D'après lui, Condé (comme Roland) priait dans les batailles. Quant au héros royal, Louis le Grand, c'est un nouveau David : il guerroie pour Dieu. Bossuet fut le célébrant inspiré de cette religion royale que Louis XIV porta à son apogée.

[CROMWELL, MONSTRE OU HÉROS?]

Dans l'*Oraison funèbre d'Henriette de France* (1669), Bossuet évoque Cromwell, qui fit exécuter Charles Ier en 1649. L'écrivain flotte entre l'admiration (le héros suivi de son cortège fasciné) et l'ironie (Cromwell comédien, les soldats hébétés). Il est en tout cas entré dans l'univers épique : thème du *monstre*, du chef aux

> *multiples* visages; incompatibilité entre le héros et le roi ou le prêtre. Bossuet pratique la technique de la surimpression : Cromwell est peint avec de nombreux traits du démagogue romain Catilina (voir Salluste, *Catilina*, 5); il est aussi l'Antéchrist (lire le passage de l'*Apocalypse* mentionné par Bossuet).

Un homme s'est rencontré[1] d'une profondeur d'esprit incroyable, hypocrite raffiné autant qu'habile politique[2], capable de tout entreprendre et de tout cacher, également actif et infatigable dans la paix et dans la guerre, qui ne laissait rien à la fortune de ce qu'il pouvait lui ôter par conseil et par prévoyance; mais au reste si vigilant et si prêt à tout, qu'il n'a jamais manqué les occasions qu'elle lui a présentées; enfin, un de ces esprits remuants et audacieux qui semblent être nés pour changer le monde. Que le sort de tels esprits est hasardeux, et qu'il en paraît dans l'histoire à qui leur audace a été funeste ! Mais aussi que ne font-ils pas, quand il plaît à Dieu de s'en servir? Il fut donné à celui-ci de tromper les peuples, et de prévaloir contre les rois[3]. Car, comme il eut aperçu que dans ce mélange infini de sectes, qui n'avaient plus de règles certaines, le plaisir de dogmatiser[4] sans être repris ni contraint par aucune autorité ecclésiastique ni séculière était le charme qui possédait les esprits, il sut si bien les concilier[5] par là[6] qu'il fit un corps redoutable de cet assemblage monstrueux. Quand une fois on a trouvé le moyen de prendre la multitude par l'appât de la liberté, elle suit en aveugle, pourvu qu'elle en entende seulement le nom. Ceux-ci, occupés du premier objet[7] qui les avait transportés, allaient toujours, sans regarder qu'ils allaient à la servitude; et leur subtil conducteur, qui, en combattant, en dogmatisant, en mêlant mille personnages divers, en faisant le docteur et le prophète,

---

1. Cromwell.
2. *Politique :* homme d'État.
3. Note marginale : « Apocalypse, XIII, 5-7 ».
4. *Dogmatiser :* enseigner des doctrines contraires à l'orthodoxie.
5. *Concilier :* mettre d'accord.
6. *Par là :* en les laissant faire.
7. *Objet :* ce qui occupe la vue ou la pensée.

aussi bien que le soldat et le capitaine, vit qu'il avait tellement enchanté [1] le monde, qu'il était regardé de toute l'armée comme un chef envoyé de Dieu pour la protection de l'indépendance, commença à s'apercevoir qu'il pouvait encore les pousser plus loin. Je ne vous raconterai pas la suite trop fortunée de ses entreprises, ni ces fameuses victoires dont la vertu était indignée, ni cette longue tranquillité qui a étonné l'univers. C'était le conseil [2] de Dieu d'instruire les rois à ne point quitter son Église. Il voulait découvrir, par un grand exemple, tout ce que peut l'hérésie; combien elle est naturellement indocile et indépendante, combien fatale à la royauté et à toute autorité légitime.

[ROCROI : L'ÉPIPHANIE DE CONDÉ]

Condé représenta pour de nombreux jeunes nobles au milieu du grand siècle, le type même du héros. On admirera avec quelle force Bossuet, dans l'*Oraison funèbre* du prince (10 mars 1687), imagine la révélation du héros à Rocroi : l'éclat du regard (comme Rodrigue ou Bonaparte), l'épiphanie lumineuse (« parut », « se déclara »...), la rapidité. On peut se demander si certaines scènes de Corneille n'ont pas marqué ce tableau : jeunesse et « coup d'essai » du prince (cf. *Le Cid*, II, 2), rôle dans la bataille (*Le Cid*, IV, 3), clémence *(Cinna)*.

A l'âge de vingt-deux ans, le duc conçut un dessein où les vieillards expérimentés ne purent atteindre; mais la victoire le justifia devant Rocroi [3]. L'armée ennemie est plus forte, il est vrai; elle est composée de ces vieilles bandes wallonnes, italiennes et espagnoles qu'on n'avait pu rompre [4] jusqu'alors. Mais pour combien fallait-il compter le courage qu'inspirait à nos troupes le besoin [5] pressant de l'État, les avan-

---

1. *Enchanté :* ensorcelé. *Capitaine* signifie général.
2. *Conseil :* dessein.
3. *Rocroi :* victoire française (1643) sur les Impériaux.
4. *Rompre :* mettre en déroute.
5. *Besoin :* situation critique.

tages passés, et un jeune prince du sang qui portait la victoire dans ses yeux? Don Francisco de Mellos [1] l'attend de pied ferme; et, sans pouvoir reculer, les deux généraux et les deux armées semblent avoir voulu se renfermer dans des bois et dans des marais pour décider [2] leur querelle, comme deux braves en champ clos. Alors, que ne vit-on pas? Le jeune prince parut [3] un autre homme. Touchée d'un si digne objet [4], sa grande âme se déclara tout entière : son courage croissait avec les périls, et ses lumières avec son ardeur. A la nuit qu'il fallut passer en présence des ennemis, comme un vigilant capitaine [5] il reposa le dernier; mais jamais il ne reposa plus paisiblement. A la veille d'un si grand jour, et dès la première bataille, il est tranquille, tant il se trouve dans son naturel; et on sait que le lendemain, à l'heure marquée, il fallut réveiller d'un profond sommeil cet autre Alexandre [6]. Le voyez-vous comme il vole ou à la victoire ou à la mort? Aussitôt qu'il eut porté de rang en rang l'ardeur dont il était animé, on le vit presque en même temps pousser [7] l'aile droite des ennemis, soutenir la nôtre ébranlée, rallier le Français à demi vaincu, mettre en fuite l'Espagnol victorieux, porter partout la terreur, et étonner [8] de ses regards étincelants ceux qui échappaient à ces coups. Restait cette redoutable infanterie de l'armée d'Espagne, dont les gros bataillons serrés, semblables à autant de tours, mais à des tours qui sauraient réparer leurs brèches, demeuraient inébranlables au milieu de tout le reste en déroute, et lançaient des feux de toutes parts. Trois fois le jeune vainqueur s'efforça de rompre ces intrépides combattants, trois fois il fut repoussé par le valeureux comte de Fontaines [9], qu'on voyait porté dans sa chaise, et, malgré

---

1. *Don Francisco de Mellos :* gouverneur des Pays-Bas.
2. *Décider :* trancher.
3. *Parut :* se manifesta comme (c'est *l'épiphanie* du héros).
4. *Objet :* ce qui occupe la vue ou la pensée.
5. *Capitaine :* général en chef.
6. Allusion au sommeil tranquille d'Alexandre le Grand, le matin de la bataille d'Arbèles.
7. *Pousser :* attaquer vivement.
8. *Étonner :* frapper de stupeur.
9. *Fontaines* (Fuentès) : maréchal de camp.

ses infirmités, montrer qu'une âme guerrière est maîtresse du corps qu'elle anime; mais enfin il faut céder. C'est en vain qu'à travers des bois, avec sa cavalerie toute fraîche, Bek [1] précipite sa marche pour tomber sur nos soldats épuisés; le prince l'a prévenu [2], les bataillons enfoncés demandent quartier; mais la victoire va devenir plus terrible pour le duc d'Enghien que le combat. Pendant qu'avec un air assuré il s'avance pour recevoir la parole de ces braves [3] gens, ceux-ci toujours en garde, craignent la surprise de quelque nouvelle attaque; leur effroyable décharge met les nôtres en furie; on ne voit plus que carnage; le sang enivre le soldat, jusqu'à ce que le grand prince, qui ne put voir égorger ces lions comme de timides brebis, calma les courages émus, et joignit au plaisir de vaincre celui de pardonner. Quel fut alors l'étonnement de ces vieilles troupes et de leurs braves officiers, lorsqu'ils virent qu'il n'y avait plus de salut pour eux qu'entre les bras du vainqueur! De quels yeux regardèrent-ils le jeune prince, dont la victoire avait relevé la haute contenance, à qui la clémence ajoutait de nouvelles grâces! Qu'il eût encore volontiers sauvé la vie au brave comte de Fontaines! mais il se trouva par terre parmi des milliers de morts dont l'Espagne sent encore la perte. Elle ne savait pas que le prince qui lui fit perdre tant de ses vieux régiments à la journée de Rocroi en devait achever les restes dans les plaines de Lens. Ainsi la première victoire fut le gage de beaucoup d'autres. Le prince fléchit le genou, et, dans le champ de bataille, il rend au Dieu des armées la gloire qu'il lui envoyait; là on célébra Rocroi délivré, les menaces d'un redoutable ennemi tournées à sa honte, la régence affermie, la France en repos, et un règne, qui devait être si beau, commencé par un si heureux présage. L'armée commença l'action de grâces; toute la France suivit; on y élevait jusqu'au ciel le coup d'essai du duc d'Enghien : c'en serait assez pour illustrer une autre vie que la sienne, mais pour lui c'est le premier pas de sa course.

---

1. *Bek :* chef des renforts allemands.
2. *Prévenu :* devancé.
3. *Braves :* courageux.

● CHAPITRE V

LES LUMIÈRES OU L'ÉCLIPSE DE LA LITTÉRATURE HÉROÏQUE

La seconde moitié du règne de Louis XIV (1685-1715) est assombrie par les défaites, la misère. L'aristocratie, jadis si féconde en héros, est asservie et fournit le roi en domestiques. Entre Louis XIII, dernier roi guerrier, et Louis XIV ou surtout Louis XV, quel abîme! De plus en plus s'affirme la prédominance de la bourgeoisie : l'épopée meurt, la tragédie fait place au drame « bourgeois » (la Famille, le rang social, l'Argent).

L'esthétique « classique » règne en maîtresse, maintenant qu'ont disparu les puissants créateurs formés sous Louis XIII (Corneille, Pascal, Bossuet). L'intelligence, la raison, le goût, l'ordre, voilà ce qui est prisé! Le XVIIIᵉ siècle français est d'une insigne pauvreté aux yeux de ceux qui aiment les puissantes productions de l'Imagination. Diderot, dans un texte particulièrement lucide, a mis en lumière l'infériorité de son époque et annoncé que seuls des bouleversements (la Révolution française) pourraient faire naître de grands créateurs (*De la poésie dramatique*, 1758, ch. 18).

L'article HÉROS de l'*Encyclopédie* (t. VIII, 1765), rédigé par le chevalier de Jaucourt, est bref et faible. Il y est signalé que ce titre est essentiellement guerrier et qu'on doit le juger bien inférieur à celui de « grand homme ». Le grand homme « joint au talent et au génie la plupart des vertus morales ». L'année précédente avait paru le *Dictionnaire philosophique* de Voltaire. Non seulement le « philosophe » a négligé de composer un article HÉROS, mais il révèle une mesquinerie d'esprit incroyable, chaque fois qu'il aborde telle ou telle des figures héroïques de l'histoire, de la légende ou de la fable (César, etc.). Dans l'article SAMSON, après avoir résumé à sa manière le texte biblique (*Juges*, XIII-XVI), Voltaire termine sur l'affirmation que « cette histoire... était faite pour la farce italienne». Pas d'articles pour Achille, Hercule, Thésée, Ulysse...! Rien d'étonnant donc que l'épopée composée par Voltaire, *La Henriade* (1723 et 1728) soit une œuvre manquée. Il pouvait être intéressant d'exalter Henri IV, mais Voltaire est incapable de se libérer de ses modèles, en particulier de Virgile. Il renouvelle l'erreur de Ronsard, mais son échec était certain, car il lui manque la puissance créatrice.

Le siècle des Lumières a, dans l'ensemble, cessé d'admirer les prouesses guerrières[1]. Au conquérant sanguinaire, on oppose volontiers le grand civilisateur. Malheureusement, les célébrations de ce nouveau type héroïque sont faibles.

[LA GUERRE, « BOUCHERIE HÉROÏQUE »]

Dans *Candide* (1759), Voltaire raille l'optimisme du philosophe Leibniz (1646-1716), aux yeux duquel l'univers existant était « le meilleur des mondes possibles ». Formé par un disciple de Leibniz, le jeune Candide court le monde et se heurte partout au mal. Il vient d'être enrôlé de force par des officiers recruteurs et l'on commence à lui inculquer la discipline militaire : il y fait des progrès si rapides qu' « il est regardé par ses camarades comme un prodige » (ch. 2).

On ne saurait évidemment reprocher à Voltaire de mettre en relief l'horreur de la guerre et la futilité de tant de conflits. Mais il ne perçoit pas la force et la per-

---

1. Sauf, dans une certaine mesure, Rousseau, auteur d'un *Discours sur la vertu la plus nécessaire au Héros* (1751). Voir R. Pintard, « Jean-Jacques et le Héros », dans la *Revue d'Histoire et de Philosophie religieuses*, n° 1, 1975.

> manence du désir humain d'excellence : il n'a pas entrevu qu'on pouvait donner à ce désir d'autres objectifs que la guerre.

Candide, tout stupéfait, ne démêlait pas encore bien comment il était un héros. Il s'avisa un beau jour de printemps de s'aller promener, marchant tout droit devant lui, croyant que c'était un privilège de l'espèce humaine, comme de l'espèce animale, de se servir de ses jambes à son plaisir. Il n'eut pas fait deux lieues, que voilà quatre autres héros de six pieds qui l'atteignent, qui le lient, qui le mènent dans un cachot. On lui demanda juridiquement ce qu'il aimait le mieux d'être fustigé trente-six fois par tout le régiment, ou de recevoir à la fois douze balles de plomb dans la cervelle. Il eut beau dire que les volontés sont libres, et qu'il ne voulait ni l'un ni l'autre, il fallut faire un choix ; il se détermina, en vertu du don de Dieu qu'on nomme *liberté*, à passer trente-six fois par les baguettes ; il essuya deux promenades. Le régiment était composé de deux mille hommes. Cela lui composa quatre mille coups de baguettes. Comme on allait procéder à la troisième course, Candide, n'en pouvant plus, demanda en grâce qu'on voulût bien avoir la bonté de lui casser la tête : il obtint cette faveur ; on lui bande les yeux ; on le fait mettre à genoux. Le roi des Bulgares passe dans ce moment, s'informe du crime du patient ; et comme ce roi avait un grand génie, il comprit, par tout ce qu'il apprit de Candide, que c'était un jeune métaphysicien fort ignorant des choses de ce monde, et il lui accorda sa grâce avec une clémence qui sera louée dans tous les journaux et dans tous les siècles. Un brave chirurgien guérit Candide en trois semaines avec les émollients enseignés par Dioscoride [1]. Il avait déjà un peu de peau et pouvait marcher, quand le roi des Bulgares livra bataille au roi des Abares [2].

Rien n'était si beau, si leste, si brillant, si bien ordonné que les deux armées. Les trompettes, les

---

1. Médecin grec du Ier siècle de notre ère.
2. Envahisseurs tartares du VIe siècle.

fifres, les hautbois, les tambours, les canons, formaient une harmonie telle qu'il n'y en eut jamais en enfer. Les canons renversèrent d'abord à peu près six mille hommes de chaque côté; ensuite la mousqueterie ôta du meilleur des mondes environ neuf à dix mille coquins qui en infectaient la surface. La baïonnette fut aussi la raison suffisante de la mort de quelques milliers d'hommes. Le tout pouvait bien se monter à une trentaine de mille âmes. Candide, qui tremblait comme un philosophe, se cacha du mieux qu'il put pendant cette boucherie héroïque. Enfin, tandis que les deux rois faisaient chanter des *Te Deum*, chacun dans son camp, il prit le parti d'aller raisonner ailleurs des effets et des causes. Il passa par-dessus des tas de morts et de mourants, et gagna d'abord un village voisin; il était en cendres : c'était un village abare que les Bulgares avaient brûlé, selon les lois du droit public. Ici des vieillards criblés de coups regardaient mourir leurs femmes égorgées, qui tenaient leurs enfants à leurs mamelles sanglantes; là, des filles éventrées rendaient les derniers soupirs; d'autres à demi brûlées criaient qu'on achevât de leur donner la mort. Des cervelles étaient répandues sur la terre à côté de bras et de jambes coupés.

Candide s'enfuit au plus vite dans un autre village : il appartenait à des Bulgares, et les héros abares l'avaient traité de même. Candide, toujours marchant sur des membres palpitants, ou à travers des ruines, arriva enfin hors du théâtre de la guerre, portant quelques petites provisions dans son bissac, et n'oubliant jamais Mlle Cunégonde [1].

[LES CONDITIONS DE L'ÉPOPÉE]

Après Voltaire, Diderot constate la pauvreté de son siècle en face de la richesse de l'âge précédent. Mais au lieu de faire, comme Voltaire, l'éloge du classicisme, il l'attaque. Après avoir évoqué avec nostalgie le temps des mythologies, il célèbre *l'imagination*, dénonce *la*

---

1. Fille du baron westphalien chez lequel Candide vivait au début du conte. C'est son amour pour Cunégonde qui fit chasser Candide du château.

> *mesquinerie de ce que les classiques appellent l'ordre.*
> Il annonce non seulement l'essor de l'épopée au
> XIXᵉ siècle (la légende de Napoléon), mais l'art
> moderne. Il jette les fondements d'une critique littéraire
> pour laquelle compteront la puissance (plus que la
> finesse psychologique), les éclairs de génie (plus que les
> compositions laborieuses), c'est-à-dire certaines des
> qualités essentielles des œuvres épiques.

Qu'est-ce qu'il faut au poète? Est-ce une nature
brute ou cultivée, paisible ou troublée? Préférera-t-il
la beauté d'un jour pur et serein à l'horreur d'une
nuit obscure, où le sifflement interrompu des vents se
mêle par intervalles au murmure [1] sourd et continu
d'un tonnerre éloigné, et où il voit l'éclair allumer
le ciel sur sa tête? Préférera-t-il le spectacle d'une mer
tranquille à celui des flots agités? Le muet et froid
édifice d'un palais à la promenade parmi des ruines?
Un édifice construit, un espace planté de la main des
hommes, au touffu d'une antique forêt, au creux
ignoré d'une roche déserte? Des nappes d'eau, des
bassins, des cascades, à la vue d'une cataracte qui se
brise en tombant à travers des rochers, et dont le bruit
se fait entendre au loin du berger qui a conduit son
troupeau dans la montagne, et qui l'écoute avec effroi?

La poésie veut quelque chose d'énorme, de barbare
et de sauvage.

C'est lorsque la fureur de la guerre civile ou du
fanatisme arme les hommes de poignards, et que le
sang coule à grands flots sur la terre, que le laurier
d'Apollon s'agite et verdit [2]. Il en veut être arrosé. Il
se flétrit dans les temps de la paix et du loisir. Le
siècle d'or [3] eût produit une chanson peut-être, ou une
élégie. La poésie épique et la poésie dramatique
demandent d'autres mœurs.

Quand verra-t-on naître des poètes? Ce sera après

---

1. *Murmure* (au sens latin) : grondement.
2. *Apollon :* dieu de la poésie. Notez la hardiesse de l'image : en grand imaginatif, Diderot unit le sang et la végétation, le rouge et le vert, comme ils étaient
unis dans tant de mythes, où le sang des héros produit des plantes.
3. *Siècle d'or :* époque primordiale, où l'humanité était heureuse, d'après de
nombreuses fables.

les temps de désastres et de grands malheurs, lorsque les peuples harassés commenceront à respirer. Alors les imaginations, ébranlées par des spectacles terribles, peindront des choses inconnues à ceux qui n'en ont pas été les témoins. N'avons-nous pas éprouvé, dans quelques circonstances, une sorte de terreur [1] qui nous était étrangère? Pourquoi n'a-t-elle rien produit? N'avons-nous plus de génie?

Le génie est de tous les temps; mais les hommes qui le portent en eux demeurent engourdis, à moins que des événements extraordinaires n'échauffent la masse, et ne les fassent paraître. Alors les sentiments s'accumulent dans la poitrine, la travaillent; et ceux qui ont un organe [2], pressés de parler, le déploient et se soulagent.

(De la poésie dramatique, 1758, ch. 18.)

— Diderot, comme Voltaire, connaît à merveille les écrivains du siècle précédent. Les oppositions du premier paragraphe ne prennent-elles pas l'allure d'une condamnation du classicisme?

— Dans certains de ses écrits, Diderot fait preuve de dons de visionnaire, d'imagination épique *(Le Rêve de d'Alembert)*. Efforcez-vous de préciser les caractères et les conditions de naissance de l'épopée dont il rêve.

— Montrez que l'écrivain « rêve » en primitif lorsqu'il fait *verdir* le laurier d'Apollon parmi des flots de *sang* (voir l'Avant-propos).

— Les Goncourt voyaient en Diderot le premier génie de la France *moderne*. Précisez dans quelle mesure ce texte annonce les deux siècles suivants.

---

1. *Terreur :* ce mot peint ce que Diderot pense de la véritable inspiration.
2. *Organe :* la possibilité de l'expression poétique.

● CHAPITRE VI

LE RENOUVEAU DU XIXᵉ SIÈCLE

Chateaubriand et les romantiques ont infléchi de façon décisive la rêverie héroïque. S'ils ont conservé et célébré la figure du héros traditionnel (Chateaubriand, *Les Martyrs*, 1809; Hugo, *La Légende des Siècles*, 1859...), dont Napoléon représentait une prodigieuse manifestation, ils ont surtout imposé un nouveau type de héros : l'artiste, le créateur... Ils ont fait accéder à la grande littérature le héros sans armes qu'avait déjà chanté Pascal, mais que les Lumières n'avaient su présenter que d'une manière plate, intellectuelle (le civilisateur).

Tout homme supérieur apparaît aux romantiques avec des caractéristiques héroïques : rayonnement du « mage » chez Hugo, prédestiné dès le berceau, comme le prophète Jérémie (*Jérémie*, II), et reconnaissable à un « signe sombre et doux »... Le trait le plus connu du héros romantique est sa *solitude*. Cette solitude n'est qu'une manifestation plus nette de la difficulté qu'éprouve tout héros à s'insérer dans un univers social trop petit, trop mesquin pour lui : le héros romantique souffre de devoir vivre au milieu de médiocres, qui ne comprennent pas ses hautes pensées, du « Moïse » de Vigny à « L'Albatros » de Baudelaire et au personnage du dandy, être exceptionnel, qui méprise la populace humaine :

> « Que ces hommes se fassent nommer raffinés, incroyables, beaux, lions ou dandys, tous sont issus d'une même origine; tous participent du même caractère d'opposition et de révolte; tous sont des représentants de ce qu'il y a de meilleur dans l'orgueil humain, de ce besoin, trop rare chez ceux d'aujourd'hui, de combattre et de détruire la trivialité. De là naît, chez les dandys, cette attitude hautaine de caste provocante, même dans sa froideur. Le dandysme apparaît surtout aux époques transitoires où la démocratie n'est pas encore toute-puissante, où l'aristocratie n'est que partiellement chancelante et avilie. Dans le trouble de ces époques quelques hommes déclassés, dégoûtés, désœuvrés, mais tous riches de force native, peuvent concevoir le projet de fonder une espèce nouvelle d'aristocratie, d'autant plus difficile à rompre qu'elle sera basée sur les facultés les plus précieuses, les plus indestructibles, et sur les dons célestes que le travail et l'argent ne peuvent conférer. Le dandysme est le dernier éclat d'héroïsme dans les décadences; et le type du dandy retrouvé par le voyageur dans l'Amérique du Nord n'infirme en aucun façon cette idée : car rien n'empêche de supposer que les tribus que nous nommons *sauvages* soient les débris de grandes civilisations disparues. Le dandysme est un soleil couchant; comme l'astre qui décline, il est superbe, sans chaleur et plein de mélancolie. Mais, hélas! la marée montante de la démocratie, qui envahit tout et qui nivelle tout, noie jour à jour ces derniers représentants de l'orgueil humain. »

> (Baudelaire, *Le Peintre de la vie moderne*, 1863, IX, « Le dandy »).

Comme l'époque médiévale, le XIXe siècle français est particulièrement riche en éléments épiques : la légende napoléonienne inspire une foule d'œuvres. Les poètes poursuivent le rêve de réussir une épopée : après Chateaubriand, Vigny (« Moïse », 1822; *Éloa*, 1824), Lamartine (*Jocelyn*, 1836; *La Chute d'un ange*, 1838), sans parler de Quinet, de Soumet. A partir de 1835-1840 commence un net retour à l'épopée antique, dont les Parnassiens vont se constituer les imitateurs (Leconte de Lisle, Heredia) : Héraklès inspire de nombreux poèmes, où sont soulignés ses caractères solaires et léonins (en particulier chez Heredia, *Les Trophées*, 1893). Mais bien plus que ces écrivains érudits, Balzac (1798-1850), Michelet (1798-1874), Rimbaud (1854-1891) et Zola (1840-1902) sont habités par une intense rêverie héroïque.

Balzac a manifesté son imagination épique dans l'extraordinaire « Napoléon du peuple », récit des campagnes impériales enchâssé dans *Le Médecin de campagne*. Mais bien des pages de *La Comédie humaine* célèbrent celui qui apparaît au romancier comme le héros d'aujourd'hui : le brasseur d'affaires, l'homme qui s'élève seul par son génie (Vautrin et ses élèves : Rastignac, Rubempré...). Vautrin est un surhomme, doué de pouvoirs étranges, d'une force physique et d'une trempe exceptionnelles; il voit dans la grande ville la jungle moderne où l'aventurier risque sa vie à chaque pas. Mais parfois, il trouve l'Europe trop petite, trop mesquine (comme Rimbaud) et rêve d'aller se tailler un royaume aux États-Unis. Il existe un accord profond entre certains héros de Balzac et l'idéal américain du self-made man.

Michelet a écrit son *Histoire de France* comme Hugo *La Légende des siècles :* pour lui, au long des décennies la France s'engendre peu à peu, émerge de la barbarie médiévale, découvre sa personnalité et progresse vers la lumière. Si l'écrivain a célébré avec tant de ferveur Jeanne d'Arc, c'est en particulier parce qu'il voit en elle l'incarnation de la France, la France prenant conscience de son unité et de son génie, alors même qu'elle semble sur le point de disparaître. Jeanne d'Arc et la Patrie sont deux héroïnes d'épopée.

Rimbaud, poète du surhumain, crée naturellement un univers épique : solitude et grandeur enivrante du *Bateau ivre*, coureur d'aventures, las des « anciens parapets », de la vie mesquine; thème du héros-poète, qui, comme Orphée, commande à l'univers (« Aube » dans les *Illuminations*).

Zola, loin de devoir sa gloire à ses théories pseudo-scientifiques, apparaît aujourd'hui comme un créateur de premier ordre à cause de sa puissance épique : pas de plus prodigieux animateur d'objets et de foules! On s'élève immédiatement au colossal : le monstre-alambic menaçant Paris *(L'Assommoir)*, la locomotive *(La Bête humaine)*, les spéculateurs *(La Curée)*, etc. Dans *Germinal* les mouvements de foules sont évoqués avec une force capable de galvaniser le lecteur le plus embourgeoisé, ils annoncent les meilleures séquences épiques d'Eisenstein.

A la suite de Walter Scott (*Waverley*, 1814) s'épanouit le

roman historique : Vigny (*Cinq-Mars*, 1826), A. Dumas, P. Féval. Barbey d'Aurevilly (1808-1889) crée des figures puissantes : Jehoël de la Croix-Jugan (dans *L'Ensorcelée*, 1854), des Touches (dans *Le Chevalier des Touches*, 1864). Avec le roman populaire, issu de Balzac, s'affirme la mythologie du surhomme : comme Vautrin, Monte-Cristo (le Héros qui revient de chez les morts), Rocambole, sont solitaires et invincibles. Le roman policier naît avec les œuvres de Gaboriau (1835-1873) : *Monsieur Lecoq*, *L'Affaire Lerouge*. Le décor épique devient la métropole : Londres ou Paris, ce qui a fait qualifier le roman policier de western urbain. Les romans d'aventure de Jules Verne (1828-1905) deviendront bientôt les œuvres françaises les plus lues du monde (statistique de l'UNESCO, 1964).

Mais le grand chantre du « modèle héroïque », celui qui, de ce côté du Rhin, a la stature d'un Wagner (1813-1883) ou d'un Nietzsche (1844-1900), c'est Victor Hugo.

Hugo est naturellement épique, c'est-à-dire qu'il impose des êtres plus puissants que nature, crée le merveilleux, recourt à la division manichéenne du monde entre les bons et les méchants... Théâtre, roman, poésie, critique : tout, chez lui, peut se faire épopée. Hugo est le plus inspiré des chantres de Napoléon, ce qui explique qu'une partie de ses poèmes épiques doit être présentée avec les autres célébrations de la légende impériale. Mais il n'est pas seulement le poète du héros guerrier de la tradition (dans *La Légende des siècles*...); il a exprimé fortement la nouvelle conception de l'héroïsme développée par le romantisme : héros-artiste, héros-prophète.

● L'imagination de l'héroïsme chez Hugo

A L'OBÉISSANCE PASSIVE

Soucieux d'opposer les soldats de la liberté à l'armée de Napoléon III, fossoyeur de la liberté, le poète traite en même temps, dans ce poème de plus de trois cents vers, du problème de l'obéissance militaire. C'est l'armée de 1794-1795 qui tout entière devient un HÉROS, invincible, rayonnant, balayant les trônes, guidé par la Femme-Liberté.

I

O soldats de l'an deux ! ô guerres ! épopées !
Contre les rois tirant ensemble leurs épées,
    Prussiens, autrichiens,
Contre toutes les Tyrs et toutes les Sodomes [1],
5 Contre le czar du nord, contre ce chasseur d'hommes
    Suivi de tous ses chiens,

Contre toute l'Europe avec ses capitaines,
Avec ses fantassins couvrant au loin les plaines,
    Avec ses cavaliers,
10 Tout entière debout comme une hydre vivante,
Ils chantaient, ils allaient, l'âme sans épouvante
    Et les pieds sans souliers !

Au levant, au couchant, partout, au sud, au pôle,
Avec de vieux fusils sonnant sur leur épaule,
15   Passant torrents et monts,
Sans repos, sans sommeil, coudes percés, sans vivres,
Ils allaient, fiers, joyeux, et soufflant dans des
                             [cuivres
    Ainsi que des démons !

La Liberté sublime emplissait leurs pensées.
20 Flottes prises d'assaut [2], frontières effacées
    Sous leur pas souverain,
O France, tous les jours, c'était quelque prodige,
Chocs, rencontres, combats ; et Joubert sur l'Adige,
    Et Marceau sur le Rhin !

25 On battait l'avant-garde, on culbutait le centre ;
Dans la pluie et la neige et de l'eau jusqu'au ventre,
    On allait ! en avant !
Et l'un offrait la paix, et l'autre ouvrait ses portes,
Et les trônes, roulant comme des feuilles mortes,
30   Se dispersaient au vent !

---

1. Tyr et Sodome, villes corrompues, représentent les monarchies coalisées contre la France révolutionnaire.
2. Les hussards de Pichegru capturèrent la flotte hollandaise bloquée par les glaces (janvier 1795).

Oh! que vous étiez grands au milieu des mêlées,
Soldats! L'œil plein d'éclairs, faces échevelées [1]
    Dans le noir tourbillon,
Ils rayonnaient, debout, ardents, dressant la tête;
35 Et comme les lions aspirent la tempête
    Quand souffle l'aquilon,

Eux, dans l'emportement de leurs luttes épiques,
Ivres, ils savouraient tous les bruits héroïques,
    Le fer heurtant le fer,
40 La Marseillaise ailée et volant dans les balles,
Les tambours, les obus, les bombes, les cymbales,
    Et ton rire, ô Kléber!

La Révolution leur criait : — Volontaires,
Mourez pour délivrer tous les peuples vos frères! —
45   Contents, ils disaient oui.
— Allez, mes vieux soldats, mes généraux
                    [imberbes! —
Et l'on voyait marcher ces va-nu-pieds superbes
    Sur le monde ébloui!

La tristesse et la peur leur étaient inconnues.
50 Ils eussent, sans nul doute, escaladé les nues
    Si ces audacieux,
En retournant les yeux dans leur course olympique,
Avaient vu derrière eux la grande République
    Montrant du doigt les cieux!

                (*Les Châtiments*, 1853.)

IBO

Si Hugo exprime souvent l'angoisse et l'humilité, il crée ici l'un de ses poèmes les plus exaltés (24 juillet 1854). Le titre décidé (« J'irai »), le martèlement produit par la succession des octosyllabes et des tétrasyllabes, la force et la rapidité des images font de ces strophes « une des plus admirables glorifications du surhomme » (Journet et Robert).

---

1. *Faces échevelées :* esquisse de la chevelure solaire. Les « faces » échevelées de Beethoven (voir les pochettes de disques) ou de Rimbaud conviennent admirablement à leur mythe. C'est pourquoi elles sont si souvent reproduites.

Ame à l'abîme habituée
    Dès le berceau,
Je n'ai pas peur de la nuée;
40   Je suis oiseau.

Je suis oiseau comme cet être
    Qu'Amos rêvait,
Que saint Marc voyait apparaître
    A son chevet,

45 Qui mêlait sur sa tête fière,
    Dans les rayons
L'aile de l'aigle à la crinière
    Des grands lions [1].

J'ai des ailes. J'aspire au faîte;
50   Mon vol est sûr;
J'ai des ailes pour la tempête
    Et pour l'azur.

Je gravis les marches sans nombre.
    Je veux savoir,
55 Quand la science serait sombre
    Comme le soir!

Vous savez bien que l'âme affronte
    Ce noir degré,
Et que, si haut qu'il faut qu'on monte,
60   J'y monterai!

Vous savez bien que l'âme est forte
    Et ne craint rien
Quand le souffle de Dieu l'emporte!
    Vous savez bien

65 Que j'irai jusqu'aux bleus pilastres [2],
    Et que mon pas,
Sur l'échelle qui monte aux astres,
    Ne tremble pas!

---

1. L'évangéliste saint Marc a pour emblème un lion ailé. Hugo fait aussi allusion à un oracle du prophète juif Amos, où apparaissent l'oiseau et le lion (*Amos,* III, 4-8).
2. *Pilastre :* proprement pilier engagé dans un mur. Parler du ciel en termes d'architecture remonte au moins au *Livre de Job* (XXVI, 11).

L'homme en cette époque agitée,
70   Sombre océan,
Doit faire comme Prométhée
     Et comme Adam.

Il doit ravir au ciel austère
     L'éternel feu;
75 Conquérir son propre mystère,
     Et voler Dieu.

L'homme a besoin, dans sa chaumière
     Des vents battue,
D'une loi qui soit sa lumière
80   Et sa vertu.

Toujours ignorance et misère!
     L'homme en vain fuit,
Le sort le tient; toujours la serre!
     Toujours la nuit!

85 Il faut que le peuple s'arrache
     Au dur décret,
Et qu'enfin ce grand martyr sache
     Le grand secret.

Déjà l'amour, dans l'ère obscure
90   Qui va finir,
Dessine la vague figure
     De l'avenir.

Les lois de nos destins sur terre,
     Dieu les écrit;
95 Et, si ces lois sont le mystère,
     Je suis l'esprit.

Je suis celui que rien n'arrête,
     Celui qui va,
Celui dont l'âme est toujours prête
100   A Jéhovah [1];

---

1. *Jéhovah :* fausse transcription du tétragramme sacré représentant le nom du Dieu des juifs, YHVH, lu aujourd'hui *Yahveh.*

Gilgamesh
au lion, ou
la recherche
de l'immorta-
lité : statue
de Goudéa,
Musée du Louvre.

Je suis le poète farouche,
    L'homme devoir,
Le souffle des douleurs, la bouche
    Du clairon noir;

105 Le rêveur qui sur ses registres
    Met les vivants,
Qui mêle des strophes sinistres
    Aux quatre vents;

Le songeur ailé, l'âpre athlète
110   Au bras nerveux,
Et je traînerais la comète
    Par les cheveux.

Donc les lois de notre problème,
    Je les aurai;
115 J'irai vers elles, penseur blême,
    Mage effaré !

Pourquoi cacher ces lois profondes?
    Rien n'est muré.
Dans vos flammes et dans vos ondes
120   Je passerai;

J'irai lire la grande bible,
    J'entrerai nu
Jusqu'au tabernacle terrible
    De l'inconnu,

125 Jusqu'au seuil de l'ombre et du vide,
    Gouffres ouverts
Que garde la meute livide
    Des noirs éclairs,

Jusqu'aux portes visionnaires
130   Du ciel sacré;
Et, si vous aboyez, tonnerres,
    Je rugirai [1].

(*Les Contemplations*, 1856.)

---

1. Les deux dernières strophes rappellent la descente d'Héraklès aux enfers gardés par le *chien monstrueux*, Cerbère. Héraklès, revêtu de la peau du lion de Némée, ressemblait à un lion et, à bien des égards, en était un. Avant l'entrée dans le ciel, le héros Hugo doit franchir une zone d'ombre.

LES MAGES

Ce vaste poème de 710 vers est daté du 24 avril 1855 dans le manuscrit. Il développe un thème cher au romantisme, celui de la grandeur de certains hommes élus dès leur naissance (Vigny, « Moïse » : « *Vous m'avez fait, Seigneur, puissant et solitaire* »), et en particulier du poète. Parmi les quatre-vingts mages que cite Hugo se trouvent en effet de nombreux poètes, mais aussi des prophètes (Moïse, saint Jean...), des savants (Archimède...), des découvreurs de mondes (Colomb...), des artistes. On y chercherait en vain un conquérant. Tous furent des médiateurs entre Dieu et les hommes, tous transmirent un peu de lumière céleste aux autres hommes plongés dans la nuit. La strophe utilisée, le dizain d'octosyllabes, était déjà celle de « Fonction du poète » *(Les Rayons et les Ombres).*

Pourquoi donc faites-vous des prêtres
Quand vous en avez parmi vous?
Les esprits conducteurs des êtres
Portent un signe sombre et doux.
5 Nous naissons tous ce que nous sommes.
Dieu de ses mains sacre des hommes
Dans les ténèbres des berceaux;
Son effrayant doigt invisible
Écrit sous leur crâne la bible
10 Des arbres, des monts et des eaux.

Ces hommes, ce sont les poètes;
Ceux dont l'aile monte et descend[1];
Toutes les bouches inquiètes
Qu'ouvre le verbe frémissant;
15 Les Virgiles, les Isaïes;
Toutes les âmes envahies
Par les grandes brumes du sort;
Tous ceux en qui Dieu se concentre;
Tous les yeux où la lumière entre,
20 Tous les fronts d'où le rayon sort[2].

1. Allusion à l'échelle que Jacob vit en songe : des anges montaient et descendaient de la terre au ciel *(Genèse).* Le poète est semblable à eux (voir « Ibo »).
2. Comme du front de Moïse redescendant du Sinaï *(Exode).*

Ce sont ceux qu'attend Dieu propice
Sur les Horebs et les Thabors [1];
Ceux que l'horrible précipice
Retient blêmissants à ses bords;
25 Ceux qui sentent la pierre vivre;
Ceux que Pan [2] formidable enivre;
Ceux qui sont tout pensifs devant
Les nuages, ces solitudes
Où passent en mille attitudes
30 Les groupes sonores du vent.

Ce sont les sévères artistes
Que l'aube attire à ses blancheurs,
Les savants, les inventeurs tristes,
Les puiseurs d'ombre, les chercheurs,
35 Qui ramassent dans les ténèbres
Les faits, les chiffres, les algèbres,
Le nombre [3] où tout est contenu,
Le doute où nos calculs succombent,
Et tous les morceaux noirs qui tombent
40 Du grand fronton de l'inconnu.

Ce sont les têtes fécondées
Vers qui monte et croît pas à pas
L'océan confus des idées,
Flux que la foule ne voit pas,
45 Mer de tous les infinis pleine,
Que Dieu suit, que la nuit amène,
Qui remplit l'homme de clarté,
Jette aux rochers l'écume amère,
Et lave les pieds nus d'Homère
50 Avec un flot d'éternité.

(*Les Contemplations*, 1856.)

---

1. *Horeb* : mont où *Dieu* se manifesta à Élie. *Thabor* : colline de la Transfiguration du Christ.
2. *Pan* : dieu de la Vie universelle, souvent présent dans les cortèges de Dionysos, dieu du vin.
3. Allusion aux théories de Pythagore (vers 580-vers 500 av. J.-C.) sur les nombres dans l'univers.

L'Église catholique est en possession d'une conception relativement précise du *prêtre*. A l'origine, le prêtre est un homme ordinaire « ordonné » par l'évêque pour exercer dans une communauté certaines fonctions (en particulier les rites sacramentels). Peu à peu, cependant, avec la loi du célibat, le prêtre devient un homme *séparé*, objet d'une *vocation* divine. En fait, dans l'Église concordataire du xixe siècle, le prêtre est un fonctionnaire payé par l'État comme le percepteur; on fait carrière dans le clergé (voir Stendhal, *Le Rouge et le Noir*).

— Montrez que le poète rejette cette conception du prêtre (vers 1) et célèbre des hommes qui lui apparaissent comme des prophètes (voir *Jérémie*, chap. I).

— Étudiez la composition oratoire de cette célébration héroïque : rôle des anaphores, relief donné à certains mots par leur position dans le vers. Pourquoi le choix de ce type de strophe est-il particulièrement heureux?

— Grâce à des réminiscences bibliques ou à la puissance de son imagination, Hugo retrouve les caractéristiques *physiques* que l'on prête au héros (strophe 2). Expliquez le choix de ces caractères.

— Les vers 21 à 32 situent les mages dans un certain *cadre*. L'étude des *Contemplations* révélerait que maints poèmes l'ont évoqué. Pourquoi ce cadre ébranle-t-il les imaginations?

— Hugo, manichéen, est le poète des contrastes. Étudiez les jeux de l'ombre et de la lumière dans la strophe 4. Quel effet produisent les ténèbres sur les mages? Hugo apparaît-il ici comme optimiste?

— La dernière strophe compare l'inspiration à une marée de lumière. On retrouve cette image de la marée dans Claudel (prologue de la quatrième ode, dans *Cinq Grandes Odes*). N'y a-t-il pas là comme les prémices d'une apothéose?

LE MARIAGE DE ROLAND

Ce poème du cycle héroïque chrétien de *La Légende des Siècles* a été composé à une date imprécise entre 1846 et 1855. Hugo s'inspire d'un article paru en 1846 où un universitaire de Montpellier analysait trois chansons de geste, dont *Girart de Vienne*, qui raconte longuement le combat d'Olivier et de Roland (début du xiiie siècle).

Girart, l'un des quatre fils de Garin de Monglane,
a reçu de Charlemagne le fief de Vienne, en Dauphiné.
Mais il ose attaquer et piller Mâcon. Furieux, l'empereur
vient assiéger Vienne, où se trouvent auprès de Girart
son neveu Olivier et sa nièce Aude. Roland, qui a vu
la jeune fille, en est tombé amoureux et a tenté de l'enlever.
Le siège s'éternise... On décide enfin qu'Olivier et Roland,
comme jadis les Horaces et les Curiaces, combattront pour
les deux armées et que Vienne sera acquise au vainqueur.
Le *combat singulier* s'engage dans une île du Rhône.

Ils se battent — combat terrible! — corps à corps.
Voilà déjà longtemps que leurs chevaux sont morts;
Ils sont là seuls tous deux dans une île du Rhône.
Le fleuve à grand bruit roule un flot rapide et jaune,
⁵ Le vent trempe en sifflant les brins d'herbe dans
[l'eau.
L'archange saint Michel attaquant Apollo [1]
Ne ferait pas un choc plus étrange et plus sombre,
Déjà, bien avant l'aube, ils combattaient dans
[l'ombre.
Qui, cette nuit, eût vu s'habiller ces barons,
¹⁰ Avant que la visière eût dérobé leurs fronts,
Eût vu deux pages blonds, roses comme des filles.
Hier, c'étaient deux enfants riant à leurs familles,
Beaux, charmants; — aujourd'hui, sur ce fatal
[terrain,
C'est le duel effrayant de deux spectres d'airain,
¹⁵ Deux fantômes auxquels le démon prête une âme,
Deux masques dont les trous laissent voir de la
[flamme.
Ils luttent, noirs, muets, furieux, acharnés.
Les bateliers pensifs qui les ont amenés
Ont raison d'avoir peur et de fuir dans la plaine,
²⁰ Et d'oser, de bien loin, les épier à peine,
Car de ces deux enfants, qu'on regarde en tremblant,
L'un s'appelle Olivier et l'autre a nom Roland.

1. Saint Michel, chef des milices célestes : on le représente le plus souvent
terrassant Satan, représenté par un dragon. Ici il attaque Apollon, considéré non
plus sous les traits du dieu solaire, mais comme idole païenne.

Et, depuis qu'ils sont là, sombres, ardents, farouches,
Un mot n'est pas encor sorti de ces deux bouches.

25 Olivier, sieur de Vienne et comte souverain,
A pour père Gérard [1] et pour aïeul Garin.
Il fut pour ce combat habillé par son père.
Sur sa targe [2] est sculpté Bacchus faisant la guerre
Aux normands, Rollon ivre [3] et Rouen consterné,
30 Et le dieu souriant par des tigres traîné
Chassant, buveur de vin, tous ces buveurs de cidre.
Son casque est enfoui sous les ailes d'une hydre;
Il porte le haubert que portait Salomon;
Son estoc resplendit comme l'œil d'un démon;
35 Il y grava son nom afin qu'on s'en souvienne;
Au moment du départ, l'archevêque de Vienne
A béni son cimier de prince féodal.

Roland a son habit de fer, et Durandal.

Ils luttent de si près, avec de sourds murmures,
40 Que leur souffle âpre et chaud s'empreint sur leurs
[armures;
Le pied presse le pied; l'île à leurs noirs assauts
Tressaille au loin; l'acier mord le fer; des morceaux
De heaume et de haubert, sans que pas un s'émeuve,
Sautent à chaque instant dans l'herbe et dans le
[fleuve.
45 Leurs brassards [4] sont rayés de longs filets de sang
Qui coule de leur crâne et dans leurs yeux descend.
Soudain, sir Olivier, qu'un coup affreux démasque,
Voit tomber à la fois son épée et son casque.
Main vide et tête nue, et Roland l'œil en feu!
50 L'enfant songe à son père et se tourne vers Dieu.

---

1. Gérard ou Girart de Vienne, fils de Garin de Monglane, est en réalité l'oncle d'Olivier.
2. *Targe* : bouclier.
3. *Rollon* : chef normand (886-911), bien postérieur à Charlemagne (mort en 814).
4. *Brassards* : manches de fer (armure).

Durandal sur son front brille. Plus d'espérance !
— « Ça, dit Roland, je suis neveu du roi de France,
Je dois me comporter en franc neveu du roi.
Quand j'ai mon ennemi désarmé devant moi,
⁵⁵ Je m'arrête. Va donc chercher une autre épée,
Et tâche, cette fois, qu'elle soit bien trempée.
Tu feras apporter à boire en même temps,
Car j'ai soif.

        — Fils [1], merci, dit Olivier.

— J'attends,
       Dit Roland, hâte-toi. »

Sire Olivier appelle
⁶⁰ Un batelier caché derrière une chapelle.

« — Cours à la ville, et dis à mon père qu'il faut
Une autre épée à l'un de nous, et qu'il fait chaud. »
Cependant les héros, assis dans les broussailles,
S'aident à délacer leurs capuchons de mailles,
⁶⁵ Se lavant le visage, et causent un moment.
Le batelier revient, il a fait promptement ;
L'homme a vu le vieux comte ; il rapporte une épée
Et du vin, de ce vin qu'aimait le grand Pompée [2]
Et que Tournon récolte au flanc de son vieux mont.
⁷⁰ L'épée est cette illuste et fière Closamont [3]
Que d'autres quelquefois appellent Haute-Claire.
L'homme a fui. Les héros achèvent sans colère
Ce qu'ils disaient ; le ciel rayonne au-dessus d'eux ;
Olivier verse à boire à Roland ; puis tous deux
⁷⁵ Marchent droit l'un vers l'autre, et le duel recom-
                      [mence.
Voilà que par degrés de sa sombre démence
Le combat les enivre, il leur revient au cœur
Ce je ne sais quel dieu qui veut qu'on soit vainqueur,
Et qui, s'exaspérant aux armures frappées,
⁸⁰ Mêle l'éclair des yeux aux lueurs des épées.

---

1. *Fils :* terme amical, en ancien français.
2. Pompée conduisit des opérations militaires dans cette région en 76 av. J.-C.
3. *Closamont :* c'est en fait le nom du roi qui possédait Hauteclaire dans *Girart de Vienne.*

Ils combattent, versant à flots leur sang vermeil.
Le jour entier se passe ainsi. Mais le soleil
Baisse vers l'horizon. La nuit vient.

                       — « Camarade,
Dit Roland, je ne sais, mais je me sens malade.
85 Je ne me soutiens plus, et je voudrais un peu
De repos.

           — Je prétends, avec l'aide de Dieu,
Dit le bel Olivier, le sourire à la lèvre,
Vous vaincre par l'épée et non point par la fièvre.
Dormez sur l'herbe verte, et, cette nuit, Roland,
90 Je vous éventerai de mon panache blanc.
Couchez-vous, et dormez.

                 — Vassal, ton âme est neuve [1],
Dit Roland. Je riais, je faisais une épreuve.
Sans m'arrêter et sans me reposer, je puis
Combattre quatre jours encore, et quatre nuits. »

95 Le duel reprend. La mort plane, le sang ruisselle.
Durandal heurte et suit Closamont; l'étincelle
Jaillit de toutes parts sous leurs coups répétés.
L'ombre autour d'eux s'emplit de sinistres clartés.
Ils frappent; le brouillard du fleuve monte et fume;
100 Le voyageur s'effraie et croit voir dans la brume
D'étranges bûcherons qui travaillent la nuit.

Le jour naît, le combat continue à grand bruit;
La pâle nuit revient, ils combattent; l'aurore
Reparaît dans les cieux, ils combattent encore.

105 Nul repos. Seulement, vers le troisième soir,
Sous un arbre, en causant, ils sont allés s'asseoir;
Puis ont recommencé.
                 Le vieux Gérard dans Vienne
Attend depuis trois jours que son enfant revienne.

---

1. *Neuve* : naïve. L'épisode existe dans *Girart de Vienne*.

Il envoie un devin regarder sur les tours ;
¹¹⁰ Le devin dit : « Seigneur, ils combattent toujours. »

Quatre jours sont passés, et l'île et le rivage
Tremblent sous ce fracas monstrueux et sauvage.
Ils vont, viennent, jamais fuyant, jamais lassés,
Froissent ¹ le glaive au glaive et sautent les fossés,
¹¹⁵ Et passent, au milieu des ronces remuées,
Comme deux tourbillons et comme deux nuées.
O chocs affreux ! terreur ! tumulte ² étincelant !
Mais enfin Olivier saisit au corps Roland,
Qui de son propre sang en combattant s'abreuve,
¹²⁰ Et jette d'un revers Durandal dans le fleuve.

— « C'est mon tour maintenant, et je vais envoyer
Chercher un autre estoc pour vous, dit Olivier.
Le sabre du géant Sinnagog ³ est à Vienne.
C'est, après Durandal, le seul qui vous convienne.
¹²⁵ Mon père le lui prit alors qu'il le défit.
Acceptez-le. »
                    Roland sourit. — « Il me suffit
De ce bâton. » — Il dit, et déracine un chêne.

Sire Olivier arrache un orme dans la plaine
Et jette son épée, et Roland, plein d'ennui ⁴,
¹³⁰ L'attaque. Il n'aimait pas qu'on vînt faire après lui
Les générosités qu'il avait déjà faites.

Plus d'épées en leurs mains, plus de casque à leurs
                                                    [têtes.
Ils luttent maintenant, sourds, effarés, béants ⁵,
A grands coups de troncs d'arbre, ainsi que des
                                                    [géants.
¹³⁵ Pour la cinquième fois, voici que la nuit tombe.
Tout à coup Olivier, aigle aux yeux de colombe,
S'arrête et dit :
                    — « Roland, nous n'en finirons point.

---

1. *Froissent :* font s'entrechoquer.
2. *Tumulte :* bruit des armes (sens latin).
3. *Sinnagog :* roi sarrazin.
4. *Ennui :* douleur vive (sens classique). Les vers 127-131 sont un souvenir du
Roland furieux de l'Arioste.
5. *Béants :* la bouche ouverte, hors d'haleine.

Tant qu'il nous restera quelque tronçon au poing,
Nous lutterons ainsi que lions et panthères.
140 Ne vaudrait-il pas mieux que nous devinssions
[frères?
Écoute, j'ai ma sœur, la belle Aude au bras blanc,
Épouse-la.

— Pardieu ! je veux bien, dit Roland.
Et maintenant buvons, car l'affaire était chaude. » —
C'est ainsi que Roland épousa la belle Aude.

Le Mariage de Roland représente un type achevé de **combat singulier.** On pourra utilement le comparer à ceux des épopées antiques ou modernes. Ce qui frappe, ici, c'est l'ampleur du récit, due au fait que l'affrontement intervient entre deux héros, et non entre un héros et un monstre ou un mortel ordinaire. De même, dans l'*Iliade*, le combat d'Achille et d'Hector occupe presque tout le chant XXII. Manifestement, ce qui fascine ici Hugo, c'est le heurt.

Le poète ne s'intéresse ni au *défi* (voir David contre Goliath, Tristan contre le Morholt), ni à la *poursuite* (voir *Iliade*, XXII), mais se complaît dans l'imagination de l'*entrechoc* : épisodes retenus, rythmes, sonorités...

A cet égard, l'artiste le plus proche de V. Hugo est probablement Corneille : *Le Cid, Horace...*

Le poète retrouve les traits généraux du combat héroïque, soit que son imagination puissante y suffise, soit qu'il se souvienne de certaines épopées *(Girart de Vienne, Roland furieux...)*.

Il retrouve la rêverie du *monstrueux*. Habituellement, tout les caractères monstrueux sont prêtés à l'ennemi du héros (taille colossale, laideur, anomalies physiques terrifiantes...); mais il arrive que le héros lui-même soit effrayant (Héraklès revêtu de la peau du lion de Némée et pris lui-même pour un lion...).

Lorsque combattent deux surhommes également sympathiques, il faut bien que ces traits *monstrueux* se répartissent entre eux. Alors apparaissent des comparaisons empruntées à l'univers animal, le plus apte à traduire la mobilité, l'acharnement, la lutte à mort (vers 32, 112, 136-139). Mais Hugo a enrichi ce thème du monstre grâce à des emprunts au fantastique chrétien.

En même temps se manifeste la solarité des deux héros : éclat du regard, éclat des armes... Le poète a obtenu les effets les plus saisissants en faisant apparaître cette solarité sur un fond nocturne.

Poète des contrastes *(Ruy Blas, Lucrèce Borgia, Le Roi s'amuse...)*, Hugo oppose la fraîcheur des adolescents à la dureté des guerriers. Peu soucieux de vraisemblance, il cède avec bonheur au désir d'agrandir ses héros : comparaisons, image des « bûcherons » d'homme, peur de ceux qui se trouvent non loin de là, etc.

Il est aisé de constater que le vocabulaire des armes revient sans cesse dans le poème, comme il est normal. Hugo espère ainsi faire « couleur locale ». Mais il se livre à une description du bouclier d'Olivier qui rappelle les grandes épopées antiques : *Iliade*, XVIII-XIX (le bouclier d'Achille); *Enéide*, VIII (le bouclier d'Énée). A ces souvenirs s'ajoute celui d'un thème celtique : l'épée extraordinaire (Durandal, Hauteclaire).

D'autre part, le poète fait de cette île une sorte de Sinaï, le lieu d'un événement d'une grandeur sacrée. La nature joue un rôle dans ce combat.

Les deux combattants sont ici bien plus grands que dans *Girart de Vienne*. Dans la Chanson de geste, Dieu envoie un de ses anges pour arrêter le combat. Ici une auréole quasi divine enveloppe les héros. C'est le spectacle que chacun donne à l'autre de sa prodigieuse valeur qui explique la fin de la lutte. Comme il arrive souvent, cet affrontement de deux guerriers également nobles et valeureux conduit à l'amitié et au compagnonnage héroïque.

Dans la Chanson, Olivier dit à Roland, au milieu du combat : « Si le Créateur permet que je vive, avant demain soir, je parlerai si bien de vous à Aude que, si elle ne vous épouse pas, elle se fera nonne. »

PLEIN CIEL

Ce poème, placé par Hugo dans la section « Vingtième siècle » de *La Légende des Siècles*, a été composé en 1858-1859. Il fait suite à « Pleine mer », où le navire Léviathan était présenté comme le symbole de la barbarie, et constitue le dernier regard jeté par le poète sur ce monde avant le Jugement.

En 1853, l'ingénieur Pétin avait tenté de mouvoir un « aéroscaphe » (dirigeable). Il avait échoué, mais Hugo avait été vivement impressionné. De là cet hymne au

progrès humain, où apparaissent maints traits du rêve
héroïque (ascension, lumière, homme-dieu, immortalité...).

455 Où donc s'arrêtera l'homme séditieux?
L'espace voit, d'un œil par moment soucieux,
L'empreinte du talon de l'homme dans les nues;
Il [1] tient l'extrémité des choses inconnues;
Il épouse l'abîme [2] à son argile uni;
460 Le voilà maintenant marcheur de l'infini.
Où s'arrêtera-t-il, le puissant réfractaire?
Jusqu'à quelle distance ira-t-il de la terre?
Jusqu'à quelle distance ira-t-il du destin?
L'âpre Fatalité se perd dans le lointain;
465 Toute l'antique histoire affreuse et déformée
Sur l'horizon nouveau fuit comme une fumée.
Les temps sont venus [3]. L'homme a pris possession
De l'air, comme du flot la grèbe [4] et l'alcyon.
Devant nos rêves fiers, devant nos utopies
470 Ayant des yeux croyants et des ailes impies,
Devant tous nos efforts pensifs et haletants,
L'obscurité sans fond fermait ses deux battants;
Le vrai champ enfin s'offre aux puissantes algèbres;
L'homme vainqueur, tirant le verrou des ténèbres,
475 Dédaigne l'océan, le vieil infini mort.
La porte noire cède et s'entre-bâille. Il sort !

O profondeurs ! faut-il encor l'appeler l'homme?

L'homme est d'abord monté sur la bête de somme;
Puis sur le chariot que portent des essieux;
480 Puis sur la frêle barque au mât ambitieux;
Puis, quand il a fallu vaincre l'écueil, la lame,
L'onde et l'ouragan, l'homme est monté sur la
[flamme [5];
A présent l'immortel aspire à l'éternel;
Il montait sur la mer, il monte sur le ciel.

---

1. *Il* : l'homme.
2. *Abîme* : chez Hugo, tout gouffre sans fond. Ici le ciel.
3. *Les temps sont venus* : expression biblique désignant tout avènement de Dieu.
4. *Grèbe* (normalement au masculin) : oiseau qui construit son nid sur les étangs; l'*alcyon* s'installe sur la mer calme.
5. *La flamme* : bateaux à vapeur.

485 L'homme force le sphinx à lui tenir la lampe.
   Jeune, il jette le sac du vieil Adam qui rampe,
   Et part, et risque aux cieux, qu'éclaire son flambeau,
   Un pas semblable à ceux qu'on fait dans le tombeau ;
   Et peut-être voici qu'enfin la traversée
490 Effrayante, d'un astre à l'autre, est commencée !

                    * *
                     *

   Stupeur ! se pourrait-il que l'homme s'élançât ?
   O nuit ! se pourrait-il que l'homme, ancien forçat,
         Que l'esprit humain, vieux reptile,
   Devînt ange, et, brisant le carcan qui le mord,
495 Fût soudain de plain-pied avec les cieux ? La mort
         Va donc devenir inutile !

   Oh ! franchir l'éther ! songe épouvantable et beau !
   Doubler le promontoire énorme du tombeau !
         Qui sait ? — Toute aile est magnanime ;
500 L'homme est ailé. Peut-être, ô merveilleux retour !
   Un Christophe Colomb de l'ombre, quelque jour,
         Un Gama [1] du cap de l'abîme,

   Un Jason de l'azur, depuis longtemps parti,
   De la terre oublié, par le ciel englouti,
505   Tout à coup, sur l'humaine rive,
   Reparaîtra, monté sur cet alérion [2],
   Et, montrant Sirius, Allioth, Orion,
         Tout pâle, dira : J'en arrive !

   Ciel ! ainsi, — comme on voit aux voûtes des celliers
510 Les noirceurs qu'en rôdant tracent les chandeliers, —
         On pourrait, sous les bleus pilastres,
   Deviner qu'un enfant de la terre a passé,
   A ce que le flambeau de l'homme aurait laissé
         De fumée au plafond des astres !

---

1. *Gama* (Vasco de) : célèbre navigateur portugais (vers 1469-1524), qui découvrit en 1497 la route des Indes par le cap de Bonne Espérance.
2. *Alérion* : grand aigle, d'après certains textes du Moyen Age.

[L'AMBIGUÏTÉ DU HÉROS : DIEU OU BÊTE?]

Bien que les pages célèbres des *Misérables* (1862, deuxième partie, livre I) où Victor Hugo raconte Waterloo soient surtout le récit d'une bataille, on pourrait les rattacher au mythe napoléonien. Elles serviront ici à l'introduire.

Le poète a senti que, par sa grandeur même, la « Grande Armée » participait à la fois du divin et du monstrueux. Cette ambiguïté est essentielle au mythe héroïque : Ch. Baudouin a fait remarquer dans *Le Triomphe du héros* que le personnage héroïque possède souvent certains traits du monstre. Il suffit d'accentuer un peu la fulgurance solaire du regard pour obtenir les yeux qui lancent des flammes (que le conteur, par souci de rationaliser, fera plus souvent sortir de la bouche). Ainsi s'explique que le héros soit à la fois être divin et animal dangereux. Hercule est souvent confondu avec le lion de Némée : parce qu'il en porte la peau, explique-t-on. Bien plutôt parce qu'existent en lui certains des caractères monstrueux de son ancien adversaire. Hugo lui-même ne se rêve-t-il pas tantôt mage, être divin, tantôt lion?

Le romancier décrit ici la charge des cuirassiers. Il s'était rendu à Waterloo, avait arpenté tout le champ de bataille, de jour comme de nuit. Il termina sur place son récit en juin 1861.

Ils étaient trois mille cinq cents. Ils faisaient un front d'un quart de lieue. C'étaient des hommes géants sur des chevaux colosses. Ils étaient vingt-six escadrons; et ils avaient derrière eux, pour les appuyer, la division de Lefebvre-Desnouettes, les cent six gendarmes d'élite, les chasseurs de la garde, onze cent quatre-vingt-dix-sept hommes, et les lanciers de la garde, huit cent quatre-vingt lances. Ils portaient le casque sans crins et la cuirasse de fer battu, avec les pistolets d'arçon dans les fontes et le long sabre-épée. Le matin toute l'armée les avait admirés quand, à neuf heures, les clairons sonnant, toutes les musiques chantant *Veillons au salut de l'empire,* ils étaient venus, colonne épaisse, une de leurs batteries à leur flanc, l'autre à leur centre, se déployer sur deux rangs entre la chaussée de Genappe et Frischemont, et prendre leur place de bataille dans cette puissante deuxième ligne, si savamment composée par Napoléon, laquelle, ayant à son extrémité de gauche les cuirassiers de Kellermann et à son extrémité de droite les cuirassiers de Milhaud, avait, pour ainsi dire, deux ailes de fer.

L'aide de camp Bernard leur porta l'ordre de l'empereur, Ney tira son épée et prit la tête. Les escadrons énormes s'ébranlèrent.

Alors on vit un spectacle formidable.

Toute cette cavalerie, sabres levés, étendards, et trompettes au vent, formée en colonne par division, descendit, d'un même mouvement et comme un seul homme, avec la précision d'un bélier de bronze qui ouvre une brèche, la colline de la Belle-Alliance, s'enfonça dans le fond redoutable où tant d'hommes déjà étaient tombés, y disparut dans la fumée, puis, sortant de cette ombre, reparut de l'autre côté du vallon, toujours compacte et serrée, montant au grand trot, à travers un nuage de mitraille crevant sur elle, l'épouvantable pente de boue du plateau de Mont-Saint-Jean. Ils montaient, graves, menaçants, imperturbables; dans les intervalles de la mousqueterie et de l'artillerie, on entendait ce piétinement colossal. Étant deux divisions, ils étaient deux colonnes; la division Wathier avait la droite, la division Delord avait la gauche. On croyait voir de loin s'allonger vers la crête du plateau deux immenses couleuvres d'acier. Cela traversa la bataille comme un prodige.

Rien de semblable ne s'était vu depuis la prise de la grande redoute de la Moskowa[1] par la grosse cavalerie; Murat y manquait, mais Ney s'y retrouvait. Il semblait que cette masse était devenue monstre et n'eût qu'une âme. Chaque escadron ondulait et se gonflait comme un anneau du polype. On les apercevait à travers une vaste fumée déchirée çà et là. Pêle-mêle de casques, de cris, de sabres, bondissement orageux des croupes des chevaux dans le canon et la fanfare, tumulte discipliné et terrible; là-dessus les cuirasses, comme les écailles sur l'hydre.

1. 7 septembre 1812.

Ces récits semblent d'un autre âge. Quelque chose de pareil à cette vision apparaissait sans doute dans les vieilles épopées orphiques racontant les hommes-chevaux, les antiques hippanthropes, ces titans à face humaine et à poitrail équestre dont le galop escalada l'Olympe, horribles, invulnérables, sublimes; dieux et bêtes.

Bizarre coïncidence numérique, vingt-six bataillons allaient recevoir ces vingt-six escadrons. Derrière la crête du plateau, à l'ombre de la batterie masquée, l'infanterie anglaise, formée en treize carrés, deux bataillons par carré, et sur deux lignes, sept sur la première, six sur la seconde, la crosse à l'épaule, couchant en joue ce qui allait venir, calme, muette, immobile, attendait. Elle ne voyait pas les cuirassiers et les cuirassiers ne la voyaient pas. Elle écoutait monter cette marée d'hommes. Elle entendait le grossissement du bruit des trois mille chevaux, le frappement alternatif et symétrique des sabots au grand trot, le froissement des cuirasses, le cliquetis des sabres, et une sorte de grand souffle farouche. Il y eut un silence redoutable, puis, subitement, une longue file de bras levés brandissant des sabres apparut au-dessus de la crête, et les casques, et les trompettes, et les étendards, et trois mille têtes à moustaches grises criant : vive l'empereur! toute cette cavalerie déboucha sur le plateau, et ce fut comme l'entrée d'un tremblement de terre.

● Napoléon et sa légende

Dès 1758, Diderot, annonçait qu'il faudrait des temps de guerres inouïes et de désastres pour que la France vît renaître une véritable poésie épique. Trente ans plus tard commençaient les troubles qui devaient conduire à la Révolution et à l'Empire. En un quart de siècle la France produisit alors une multitude de hautes figures (Robespierre, Marat..., les grands généraux). Mais aucune n'approche de l'éclat de Napoléon.

Pourtant en 1815, quand l'Empereur part définitive-ment pour l'exil, la lassitude est générale : trop d'impôts!

trop de morts! La légende noire, qui, surtout à partir de 1812, présente Bonaparte comme l'ogre corse (qui dévore les jeunes conscrits), la Bête de l'Apocalypse, l'agent du Diable..., est en plein essor. Paraissent des pamphlets aux titres caractéristiques : *Le Néron corse, Les crimes secrets de Buonaparte*... De 1816 à 1821, c'est presque l'indifférence. Mais en 1821, la mort du prisonnier lui vaut un renouveau d'intérêt : sa fin misérable frappe les imaginations.

C'est peu après qu'est publié « le chef-d'œuvre de la propagande napoléonienne » (J. Tulard), *Le Mémorial de Sainte-Hélène* (1823), dû à Las Cases, compagnon d'exil de l'Empereur. Napoléon y apparaît comme le champion de la Révolution française et le libérateur des peuples. L'ouvrage connaît un succès extraordinaire dans toute l'Europe; en France il devient le livre de prédilection de milliers de jeunes gens qui avaient grandi en entendant les proclamations et les bulletins de victoire. Napoléon devient un nouveau Christ, un moderne Prométhée. Henri Heine prophétise : « Sainte-Hélène sera le Saint-Sépulcre où les peuples de l'Orient et de l'Occident viendront en pèlerinage sur des vaisseaux pavoisés, et leur cœur se fortifiera par le grand souvenir du Christ temporel qui a souffert sous Hudson Lowe, ainsi qu'il est écrit dans les évangiles de Las Cases, O'Meara et Antommarchi » [1].

Dès lors se développe rapidement la légende blanche de l'Empereur : dans les chansons de Béranger (1780-1857), les lithographies de Raffet (1804-1860). Si Madame de Staël, Chateaubriand, Lamartine sont demeurés dans l'ensemble hostiles à Napoléon, la figure impériale domine toute l'œuvre de Stendhal, fascine Julien Sorel aussi bien que Fabrice del Dongo (Julien a pour bréviaire *Le Mémorial*). Mais Stendhal, qui a vu de près l'Empire, reste nuancé dans son admiration. C'est surtout chez Balzac et Hugo que Napoléon se trouve remodelé par une puissante rêverie de l'héroïsme. Grâce à l'essor de cette légende, l'Empereur est désormais l'un des trois grands

---

1. *Hudson Lowe :* geôlier anglais de Napoléon. *O'Meara :* médecin irlandais qui avait accompagné l'Empereur à Sainte-Hélène et publié en 1822 un *Napoléon en exil. Antommarchi :* médecin de Napoléon, auteur lui aussi d'un récit.

mythes historiques de la France : il s'est joint à Jeanne d'Arc et surtout à Charlemagne, dont il prétendait d'ailleurs avoir repris le sceptre, à un millénaire de distance. L'épanouissement de la science historique au XIXᵉ siècle n'a pu prévaloir contre la puissance de l'Imagination.

BALZAC : LE NAPOLÉON DU PEUPLE

Balzac (1799-1850) fait apparaître Napoléon dans plusieurs de ses romans : *La Vendetta*, *La Femme de trente ans*, *Une Ténébreuse Affaire*, *La Cousine Bette*, où un personnage évoque « ces regards fulgurants qui, semblables à ceux de Napoléon, brisaient les volontés et les cerveaux ». Mais ces apparitions demeurent assez fugitives. En revanche, *Le Médecin de campagne* (1833) consacre à l'Empereur vingt pages de la plus pure épopée. Balzac travaille déjà sur une légende : l'homme rouge est dans Béranger. Comme dans le *Mémorial*, Napoléon apparaît invincible, mais poursuivi par la vindicte des Anglais, par une nature hostile (en Russie) et surtout trahi par une foule de Judas (les maréchaux...). Les thèmes du Christ aux outrages ou de Prométhée ne sont pas propres au romancier. Ce qui lui appartient bien, c'est la force du style, les refrains, l'atmosphère surnaturelle qu'il a réussi à créer.

Un grognard de l'Empire, Goguelat, raconte la prodigieuse histoire.

— Racontez-nous l'Empereur ! crièrent plusieurs personnes ensemble.

— Vous le voulez, répondit Goguelat. Eh ! bien, vous verrez que ça ne signifie rien quand c'est dit au pas de charge. J'aime mieux vous raconter toute une bataille. Voulez-vous Champ-Aubert [1], où il n'y avait plus de cartouches, et où l'on s'est astiqué [2] tout de même à la baïonnette ?

— Non ! L'Empereur ! l'Empereur !

Le fantassin se leva de dessus sa botte de foin, pro-

---

1. *Champaubert*, près d'Épernay : victoire de Napoléon sur les Russes (10 février 1814).
2. *S'astiquer* : se battre (populaire).

mena sur l'assemblée ce regard noir, tout chargé de misère, d'événements et de souffrances qui distingue les vieux soldats. Il prit sa veste par les deux basques de devant, les releva comme s'il s'agissait de recharger le sac où jadis étaient ses hardes, ses souliers, toute sa fortune ; puis il s'appuya le corps sur la jambe gauche, avança la droite et céda de bonne grâce aux vœux de l'assemblée. Après avoir repoussé ses cheveux gris d'un seul côté de son front pour le découvrir, il porta la tête vers le ciel afin de se mettre à la hauteur de la gigantesque histoire qu'il allait dire.

— Voyez-vous, mes amis, Napoléon est né en Corse, qu'est une île française [1], chauffée par le soleil d'Italie, où tout bout comme dans une fournaise, et où l'on se tue les uns les autres, de père en fils, à propos de rien [2] : une idée qu'ils ont. Pour vous commencer l'extraordinaire de la chose, sa mère, qui était la plus belle femme de son temps et une finaude, eut la réflexion de le vouer à Dieu, pour le faire échapper à tous les dangers de son enfance et de sa vie, parce qu'elle avait rêvé que tout le monde était en feu le jour de son accouchement. C'était une prophétie ! Donc elle demande que Dieu le protège, à condition que Napoléon rétablira sa sainte religion, qu'était alors par terre. Voilà qu'est convenu, et ça s'est vu [3].

« Maintenant, suivez-moi bien, et dites-moi si ce que vous allez entendre est naturel.

« Il est sûr et certain qu'un homme qui avait eu l'imagination de faire un pacte secret pouvait seul être susceptible de passer à travers les lignes des autres, à travers les balles, les décharges de mitraille qui nous emportaient comme des mouches, et qui avaient du respect pour sa tête. J'ai eu la preuve de cela, moi particulièrement, à Eylau [4]. Je le vois encore, il monte sur une hauteur, prend sa lorgnette, regarde sa bataille et dit : Ça va bien ! Un de mes intrigants à panaches qui l'embêtaient considérablement et le suivaient partout,

---

1. La Corse fut achetée par la France aux Génois en 1768, un an avant la naissance de Napoléon.
2. Allusion à la vendetta.
3. Lors de la signature du Concordat (15 juillet 1801).
4. *Eylau* : victoire sur les Russes, deux fois plus nombreux (7 février 1807).

même pendant qu'il mangeait, qu'on nous a dit, veut faire le malin, et prend la place de l'Empereur quand il s'en va. Oh! raflé! plus de panache. Vous entendez bien que Napoléon s'était engagé à garder son secret pour lui seul. Voilà pourquoi tous ceux qui l'accompagnaient, même ses amis particuliers, tombaient comme des noix : Duroc, Bessières, Lannes [1], tous hommes forts comme des barres d'acier et qu'il fondait à son usage. Enfin, à preuve qu'il était l'enfant de Dieu, fait pour être le père du soldat, c'est qu'on ne l'a jamais vu ni lieutenant ni capitaine! Ah! bien oui, en chef tout de suite. Il n'avait pas l'air d'avoir plus de vingt-trois ans, qu'il était vieux général, depuis la prise de Toulon, où il a commencé par faire voir aux autres qu'ils n'entendaient rien à manœuvrer les canons [2]. Pour lors, nous tombe tout maigrelet général en chef à l'armée d'Italie, qui manquait de pain, de munitions, de souliers, d'habits, une pauvre armée nue comme un ver. — « Mes amis, qui dit, nous voilà ensemble. Or, mettez-vous dans la boule que d'ici à quinze jours vous serez vainqueurs, habillés à neuf, que vous aurez tous des capotes, de bonnes guêtres, de fameux souliers; mais, mes enfants, faut marcher pour les aller prendre à Milan, où il y en a. » Et l'on a marché. Le Français, écrasé, plat comme une punaise, se redresse. Nous étions trente mille va-nu-pieds contre quatre-vingt mille fendants [3] d'Allemands, tous beaux hommes, bien garnis, que je vois encore. Alors Napoléon, qui n'était encore que Bonaparte, nous souffle je ne sais quoi dans le ventre. Et l'on marche la nuit, et l'on marche le jour, l'on te les tape à Montenotte, on court les rosser à Rivoli, Lodi, Arcole, Millesimo [4], et on ne te les lâche pas. Le soldat prend goût à être vainqueur. Alors Napoléon vous enveloppe ces généraux allemands qui ne savaient où se fourrer pour être à leur aise, les pelote [5] très-bien, leur chippe [6] quelquefois des dix

---

1. Tués les deux premiers en 1813, le troisième en 1809.
2. En fait, Bonaparte fut nommé lieutenant en 1785, capitaine d'artillerie en 1793 (Nice, puis Toulon). Peu après il devient général de brigade, puis en 1796 commandant en chef de l'armée d'Italie.
3. *Fendants* : manieurs d'épée, d'où bravaches.
4. Victoires de 1796-1797 : Goguelat ne respecte pas l'ordre chronologique.
5. *Pelote* : s'amuse avec eux comme avec une pelote (balle).
6. *Chippe* (aujourd'hui *chipe*) : prend.

mille hommes d'un seul coup en vous les entourant de quinze cents Français qu'il faisait foisonner à sa manière. Enfin, leur prend leurs canons, vivres, argent, munitions, tout ce qu'ils avaient de bon à prendre [1], vous les jette à l'eau, les bat sur les montagnes, les mord dans l'air, les dévore sur terre, les fouaille partout [2]. Voilà des troupes qui se remplument ; parce que, voyez-vous, l'Empereur, qu'était aussi un homme d'esprit, se fait bien voir de l'habitant, auquel il dit qu'il est arrivé pour le délivrer. Pour lors, le péquin [3] nous loge et nous chérit, les femmes aussi, qu'étaient des femmes très judicieuses. Fin finale, en ventôse 96, qu'était dans ce temps-là le mois de mars d'aujourd'hui, nous étions acculés dans un coin du pays des marmottes [4] ; mais après la campagne, nous voilà maîtres de l'Italie, comme Napoléon l'avait prédit. Et au mois de mars suivant, en une seule année et deux campagnes, il nous met en vue de Vienne [5] : tout était brossé. Nous avions mangé trois armées successivement différentes, et dégommé quatre généraux autrichiens, dont un vieux qu'avait les cheveux blancs, et qui a été cuit comme un rat dans les paillassons [6], à Mantoue. Les rois demandaient grâce à genoux ! La paix était conquise. Un homme aurait-il pu faire cela ? Non. Dieu l'aidait, c'est sûr. Il se subdivisionnait comme les cinq pains de l'Évangile [7], commandait la bataille le jour, la préparait la nuit, que les sentinelles le voyaient toujours allant et venant, et ne dormait ni ne mangeait. Pour lors, reconnaissant ces prodiges, le soldat te l'adopte pour son père. Et en avant ! Les autres, à Paris, voyant cela, se disent : « Voilà un pèlerin qui paraît prendre ses mots d'ordre dans le ciel, il est singulièrement capable de mettre la

1. Il leva en effet d'énormes contributions, saisit les objets en dépôt dans les monts-de-piété, se fit remettre une centaine de tableaux, cinq cents manuscrits rares. Quant aux soldats, ils se livrèrent à des excès reconnus par Bonaparte lui-même.
2. En fait, l'armée d'Italie fut à plusieurs reprises en difficulté.
3. *Le péquin* (aujourd'hui *le pékin*) : le civil.
4. La Savoie.
5. Bonaparte était à 160 km de Vienne, quand furent signés l'armistice de Léoben (7 avril 1797), puis la paix de Campo-Formio (17 oct. 1797).
6. *Paillasson :* abri de paille. Mantoue fut assiégée par Bonaparte de juillet 1796 à février 1797.
7. *Évangile selon saint Jean,* ch. 6.

main sur la France; faut le lâcher sur l'Asie ou sur l'Amérique, il s'en contentera peut-être! » Ça était écrit pour lui comme pour Jésus-Christ. Le fait est qu'on lui donne ordre de faire faction en Égypte. Voilà sa ressemblance avec le fils de Dieu. Ce n'est pas tout. Il rassemble ses meilleurs lapins, ceux qu'il avait particulièrement endiablés, et leur dit comme ça : « Mes amis, pour le quart d'heure, on nous donne l'Égypte à chiquer. Mais nous l'avalerons en un temps et deux mouvements, comme nous avons fait de l'Italie. Les simples soldats seront des princes qui auront des terres à eux. En avant! » En avant! les enfants, disent les sergents. Et l'on arrive à Toulon, route d'Égypte [1]. Pour lors, les Anglais avaient tous leurs vaisseaux en mer. Mais quand nous nous embarquons, Napoléon nous dit : « Ils ne nous verront pas, et il est bon que vous sachiez, dès à présent, que votre général possède une étoile dans le ciel qui nous guide et nous protège! » Qui fut dit fut fait. En passant sur la mer, nous prenons Malte, comme une orange pour le désaltérer de sa soif de victoire, car c'était un homme qui ne pouvait pas être sans rien faire. Nous voilà en Égypte. Bon. Là, autre consigne. Les Égyptiens, voyez-vous, sont des hommes qui, depuis que le monde est monde, ont coutume d'avoir des géants pour souverains, des armées nombreuses comme des fourmis : parce que c'est un pays de génies et de crocodiles, où l'on a bâti des pyramides grosses comme nos montagnes, sous lesquelles ils ont eu l'imagination de mettre leurs rois pour les conserver frais, chose qui leur plaît généralement. Pour lors, en débarquant, le petit caporal nous dit : « Mes enfants, les pays que vous allez conquérir tiennent à un tas de dieux qu'il faut respecter, parce que le Français doit être l'ami de tout le monde, et battre les gens sans les vexer. Mettez-vous dans la coloquinte de ne toucher à rien, d'abord; parce que nous aurons tout après! Et marchez! » [2] Voilà qui

---

1. L'expédition d'Égypte quitta Toulon le 19 mai 1798. A trois reprises, l'amiral anglais Nelson, égaré par de faux renseignements, manqua la flotte française. Une telle chance confirma à Napoléon que son « étoile » le protégeait.
2. Bonaparte tenta en effet une curieuse conciliation de l'Islam et de l'esprit occidental, promit de construire au Caire une immense mosquée.

va bien. Mais tous ces gens-là, auxquels Napoléon était prédit, sous le nom de Kébir-Bonaberdis [1], un mot de leur patois qui veut dire : *le sultan fait feu*, en ont une peur comme du diable. Alors, le Grand-Turc, l'Asie, l'Afrique ont recours à la magie, et nous envoient un démon, nommé Mody, soupçonné d'être descendu du ciel sur un cheval blanc qui était, comme son maître, incombustible au boulet, et qui tous deux vivaient de l'air du temps. Il y en a qui l'ont vu ; mais moi je n'ai pas de raisons pour vous en faire certains. C'étaient les puissances de l'Arabie et les Mameluks, qui voulaient faire croire à leurs troupiers que le Mody était capable de les empêcher de mourir à la bataille, sous prétexte qu'il était un ange envoyé pour combattre Napoléon et lui reprendre le sceau de Salomon, un de leurs fourniments à eux, qu'ils prétendaient avoir été volé par notre général. Vous entendez bien qu'on leur a fait faire la grimace tout de même.

« Ha ! çà, dites-moi d'où ils avaient su le pacte de Napoléon ? Était-ce naturel ?

« Il passait pour certain dans leur esprit qu'il commandait aux génies et se transportait en un clin d'œil d'un lieu à un autre, comme un oiseau. Le fait est qu'il était partout...

Alors, nous nous sommes mis en ligne à Alexandrie, à Giseh et devant les Pyramides [2]. Il a fallu marcher sous le soleil, dans le sable, où les gens sujets d'avoir la berlue voyaient des eaux desquelles on ne pouvait pas boire, et de l'ombre que ça faisait suer. Mais nous mangeons le Mameluk à l'ordinaire, et tout plie à la voix de Napoléon, qui s'empare de la haute et basse Égypte, l'Arabie, enfin, jusqu'aux capitales des royaumes qui n'étaient plus, et où il y avait des milliers de statues, les cinq cents diables de la Nature, puis, chose particulière, une infinité de lézards, un tonnerre de pays où chacun pouvait prendre ses arpents de terre, pour peu que ça lui fût agréable. Pendant qu'il s'occupe de ses affaires dans l'intérieur, où il avait idée de faire des choses superbes, les Anglais lui brûlent sa

---

1. Les Égyptiens appelèrent Bonaparte « Sultan-Kébir ».
2. Alexandrie fut prise le 1er juillet 1798. Aux Pyramides, Bonaparte tailla en pièces 10 000 mameluks, le 21 juillet ; puis il reçut à Guizeh la reddition du Caire.

flotte à la bataille d'Aboukir [1], car ils ne savaient quoi s'inventer pour nous contrarier. Mais Napoléon, qui avait l'estime de l'Orient et de l'Occident, que le pape l'appelait son fils, et le cousin de Mahomet son cher père, veut se venger de l'Angleterre, et lui prendre les Indes, pour se remplacer de sa flotte. Il allait nous conduire en Asie, par la mer Rouge, dans des pays où il n'y a que des diamants, de l'or, pour faire la paie aux Soldats, et des palais pour étapes, lorsque le Mody s'arrange avec la peste, et nous l'envoie pour interrompre nos victoires... Tout le monde se trouvait très malade. Napoléon seul était frais comme une rose, et toute l'armée l'a vu buvant la peste sans que ça lui fît rien du tout.

« Ha ! ça, mes amis, croyez-vous que c'était naturel ? »

Goguelat raconte ensuite comment Bonaparte regagna la France « sur une coquille de noix, un petit navire de rien du tout qui s'appelait *la Fortune* », et ce à travers la flotte anglaise (22 août 1799) : « Il a toujours eu le don de passer les mers en une enjambée. Était-ce naturel ? » Survient le coup d'État (10 novembre 1799), Bonaparte devient Premier Consul, bat les Autrichiens à Marengo (14 juin 1800). Le 2 décembre 1804, il est sacré Empereur par le pape à Notre-Dame. C'est alors que Goguelat évoque L'HOMME ROUGE, qui apparaissait à Napoléon dans les moments difficiles. L'Empereur fait trembler l'Europe : « Moi qui vous parle, j'ai vu à Paris onze rois et un peuple de princes qui entouraient Napoléon comme les rayons du soleil ». C'est Austerlitz (2 décembre 1805), Eylau (8 février 1807), Wagram (6 juillet 1809) : « Aussi alors fut-il prouvé que Napoléon possédait dans son fourreau la véritable épée de Dieu. » Pourtant « il avait presque l'air d'un homme naturel ». Le soldat raconte longuement la campagne de Russie (à la fin de 1812), passe sur les victoires de 1813 (Lützen, Bautzen) et la campagne de France (début 1814) pour insister sur les *trahisons*.

---

1. *Aboukir :* le 1er août, Bonaparte, enfermé dans sa conquête, décide de foncer vers le Sinaï, la Palestine et Constantinople, avant de tendre la main à Tippo Sahib, nabab du Mysore, qui venait de se révolter contre les Anglais : il a vingt-neuf ans!

Enfin les généraux, qu'il avait faits ses meilleurs amis, l'abandonnent pour les Bourbons, de qui on n'avait jamais entendu parler. Alors il nous dit adieu à Fontainebleau [1]. — « Soldats !... » Je l'entends encore, nous pleurions tous comme de vrais enfants ; les aigles, les drapeaux étaient inclinés comme pour un enterrement, car on peut vous le dire, c'étaient les funérailles de l'Empire, et ses armées pimpantes n'étaient plus que des squelettes. Donc il nous dit de dessus le perron de son château : « Mes enfants, nous sommes vaincus par la trahison, mais nous nous reverrons dans le ciel, la patrie des braves. Défendez mon petit que je vous confie : vive Napoléon II ! » Il avait idée de mourir ; et pour ne pas laisser voir Napoléon vaincu, prend du poison de quoi tuer un régiment, parce que, comme Jésus-Christ avant sa passion, il se croyait abandonné de Dieu et de son talisman ; mais le poison ne lui fait rien du tout [2]. Autre chose ! se reconnaît immortel. Sûr de son affaire et d'être toujours empereur, il va dans une île pendant quelque temps étudier le tempérament de ceux-ci, qui ne manquent pas à faire des bêtises sans fin [3]. Pendant qu'il faisait sa faction, les Chinois et les animaux de la côte d'Afrique, barbaresques et autres qui ne sont pas commodes du tout, le tenaient si bien pour autre chose qu'un homme, qu'ils respectaient son pavillon en disant qu'y toucher, c'était se frotter à Dieu. Il régnait sur le monde entier, tandis que ceux-ci l'avaient mis à la porte de sa France. Alors s'embarque sur la même coquille de noix d'Égypte, passe à la barbe des vaisseaux anglais, met le pied sur la France, la France le reconnaît, le sacré coucou s'envole de clocher en clocher, toute la France crie : Vive l'Empereur ! Et par ici l'enthousiasme pour cette merveille des siècles a été solide, le Dauphiné s'est très bien conduit ; et j'ai été particulièrement satisfait de savoir qu'on y pleurait de joie en revoyant sa redingote grise. Le 1ᵉʳ mars Napoléon débarque

---

1. Le 20 avril 1814.
2. Dans la nuit du 12 au 13 avril 1814, il tenta de s'empoisonner. Mais le poison qu'il conservait sur lui depuis la retraite de Russie, avait perdu son pouvoir.
3. *Ceux-ci* : les Bourbons. Napoléon vécut à l'île d'Elbe du 4 mai 1814 au 26 février 1815.

avec deux cents hommes pour conquérir le royaume de France et de Navarre, qui le 20 mars était redevenu l'Empire français. L'Homme se trouvait ce jour-là dans Paris, ayant tout balayé, il avait repris sa chère France, et ramassé ses troupiers en ne leur disant que deux mots : « Me voilà ! » C'est le plus grand miracle qu'a fait Dieu ! Avant lui, jamais un homme avait-il pris d'empire rien qu'en montrant son chapeau? L'on croyait la France abattue? Du tout. A la vue de l'aigle, une armée nationale se refait, et nous marchons tous à Waterloo. Pour lors, là, la Garde meurt d'un seul coup. Napoléon au désespoir se jette trois fois au-devant des canons ennemis à la tête du reste, sans trouver la mort [1] ! Nous avons vu ça, nous autres ! Voilà la bataille perdue. Le soir, l'Empereur appelle ses vieux soldats, brûle dans un champ plein de notre sang ses drapeaux et ses aigles : ces pauvres aigles, toujours victorieuses, qui criaient dans les batailles :
— En avant ! et qui avaient volé sur toute l'Europe, furent sauvées de l'infamie d'être à l'ennemi. Les trésors de l'Angleterre ne pourraient pas seulement lui donner la queue d'un aigle. Plus d'aigles ! Le reste est suffisamment connu. L'Homme Rouge passe aux Bourbons comme un gredin qu'il est. La France est écrasée, le soldat n'est plus rien, on le prive de son dû, on te le renvoie chez lui pour prendre à sa place des nobles qui ne pouvaient plus marcher, que ça faisait pitié. L'on s'empare de Napoléon par trahison, les Anglais le clouent dans une île déserte de la grande mer, sur un rocher élevé de dix mille pieds au-dessus du monde [2]. Fin finale, est obligé de rester là, jusqu'à ce que l'Homme Rouge lui rende son pouvoir pour le bonheur de la France. Ceux-ci disent qu'il est mort ! Ah ! bien oui, mort ! on voit bien qu'ils ne le connaissent pas. Ils répètent c'te bourde-là pour attraper le peuple et le faire tenir tranquille dans leur baraque de gouvernement. Écoutez. La vérité du tout est que ses amis l'ont laissé seul dans le désert, pour satisfaire à une prophétie faite sur lui, car j'ai oublié de vous apprendre

---

1. En fait, il fut en proie à une véritable prostration physique.
2. Sainte-Hélène présente des hauteurs de 2 500 à 3 000 pieds (800 à 900 m), non 10 000.

que son nom de Napoléon veut dire *le lion du désert* [1].
Et voilà ce qui est vrai comme l'Évangile. Toutes les
autres choses que vous entendrez dire sur l'Empereur
sont des bêtises qui n'ont pas forme humaine. Parce
que, voyez-vous, ce n'est pas à l'enfant d'une femme
que Dieu aurait donné le droit de tracer son nom en
rouge comme il a écrit le sien sur la terre, qui s'en
souviendra toujours ! Vive Napoléon, le père du peuple
et du soldat !

NAPOLÉON DANS L'ŒUVRE DE V. HUGO

Dès 1827, Hugo (1802-1885), qui a lu le *Mémorial*,
adhère à la légende napoléonienne, qu'il va contribuer
à développer plus encore, peut-être, que le chansonnier
Béranger. En 1828, une première « ode à la colonne de
la place Vendôme » célèbre l'Empereur ; une seconde suit,
le 9 octobre 1830. Des *Orientales* (« Lui ») à *L'Année
terrible* (« L'Avenir »), la figure impériale hante l'imagination hugolienne. Quand le romancier compose
Les Misérables, il juge que cette journée du 18 juin 1815,
où s'est joué le destin du XIXᵉ siècle, doit avoir sa place
dans son immense fresque historique et sociale. La
puissance de l'imagination se déploie dans tous les textes.
Il semble même que le visage rayonnant de l'homme
surnaturel se dessine derrière certaines grandes figures
du théâtre ou de l'épopée hugoliens, par exemple dans
« Aymerillot », où la lassitude des preux pouvait faire
songer à celle des maréchaux. On admirera avec quelle
force Hugo retrouve et exprime les divers traits du mythe
héroïque.

LUI

J'étais géant alors, et haut de cent coudées
(Bonaparte)

I

Toujours lui ! Lui partout ! — Ou brûlante ou glacée,
Son image sans cesse ébranle ma pensée.
Il verse à mon esprit le souffle créateur.

---

1. Étymologie fantaisiste, d'après le latin *leo*, lion.

L'apothéose de Napoléon,
d'après une image d'Épinal.

Je tremble, et dans ma bouche abondent les paroles
⁵ Quand son nom gigantesque, entouré d'auréoles,
Se dresse dans mon vers de toute sa hauteur.

Là, je le vois, guidant l'obus aux bonds rapides,
Là, massacrant le peuple au nom des régicides,
Là, soldat, aux tribuns arrachant leurs pouvoirs,
¹⁰ Là, consul jeune et fier, amaigri par des veilles
Que des rêves d'empire emplissaient de merveilles,
Pâle sous ses longs cheveux noirs.

Puis, empereur puissant, dont la tête s'incline,
Gouvernant un combat du haut de la colline,
¹⁵ Promettant une étoile à ses soldats joyeux,
Faisant signe aux canons qui vomissent les flammes,
De son âme à la guerre armant six cent mille âmes,
Grave et serein, avec un éclair dans les yeux.

Puis, pauvre prisonnier, qu'on raille et qu'on
[tourmente,
²⁰ Croisant ses bras oisifs sur son sein qui fermente,
En proie aux geôliers vils comme un vil criminel,
Vaincu, chauve, courbant son front noir de nuages,
Promenant sur un roc où passent les orages
Sa pensée, orage éternel.

²⁵ Qu'il est grand, là surtout ! quand, puissance brisée,
Des porte-clefs anglais misérable risée,
Au sacre du malheur il retrempe ses droits,
Tient au bruit de ses pas deux mondes en haleine,
Et, mourant de l'exil, gêné dans Sainte-Hélène,
³⁰ Manque d'air dans la cage où l'exposent les rois !

Qu'il est grand à cette heure où, prêt à voir Dieu
[même,
Son œil qui s'éteint roule une larme suprême !
Il évoque à sa mort sa vieille armée en deuil,
Se plaint à ses guerriers d'expirer solitaire,
³⁵ Et, prenant pour linceul son manteau militaire,
Du lit de camp passe au cercueil !

II

A Rome, où du Sénat hérite le conclave,
A l'Elbe, aux monts blanchis de neige ou noirs de
[lave,
Au menaçant Kremlin, à l'Alhambra riant,
40 Il est partout ! — Au Nil je le rencontre encore.
L'Égypte resplendit des feux de son aurore ;
Son astre impérial se lève à l'orient.

Vainqueur, enthousiaste, éclatant de prestiges,
Prodige, il étonna la terre des prodiges.
45 Les vieux scheiks vénéraient l'émir jeune et prudent,
Le peuple redoutait ses armes inouïes ;
Sublime, il apparut aux tribus éblouies
Comme un Mahomet d'Occident.

Leur féerie a déjà réclamé son histoire ;
50 La tente de l'arabe est pleine de sa gloire
Tout bédouin libre était son hardi compagnon ;
Les petits enfants, l'œil tourné vers nos rivages,
Sur un tambour français règlent leurs pas sauvages,
Et les ardents chevaux hennissent à son nom.

55 Parfois il vient, porté sur l'ouragan humide,
Prenant pour piédestal la grande pyramide,
Contempler les déserts, sablonneux océans.
Là, son ombre, éveillant le sépulcre sonore,
Comme pour la bataille, y ressuscite encore
60   Les quarante siècles géants.

Il dit : Debout ! Soudain chaque siècle se lève,
Ceux-ci portant le sceptre et ceux-là ceints du glaive,
Satrapes, pharaons, mages, peuple glacé ;
Immobiles, poudreux, muets, sa voix les compte ;
65 Tous semblent, adorant son front qui les surmonte,
Faire à ce roi des temps une cour du passé.

Ainsi tout, sous les pas de l'homme ineffaçable,
Tout devient monument ; il passe sur le sable,
Mais qu'importe qu'Assur de ses flots soit couvert,

⁷⁰ Que l'aquilon sans cesse y fatigue son aile !
    Son pied colossal laisse une trace éternelle
        Sur le front mouvant du désert.

III

    Histoire, poésie, il joint du pied vos cimes.
    Éperdu, je ne puis dans ces mondes sublimes
⁷⁵ Remuer rien de grand sans toucher à son nom ;
    Oui, quand tu m'apparais, pour le culte ou le
                                   [blâme,
    Les chants volent pressés sur mes lèvres de flamme,
    Napoléon ! soleil dont je suis le Memnon !

    Tu domines notre âge ; ange ou démon, qu'importe ?
⁸⁰ Ton aigle dans son vol, haletants, nous emporte.
    L'œil même qui te fuit te retrouve partout.
    Toujours dans nos tableaux tu jettes ta grande
                                     [ombre ;
    Toujours Napoléon, éblouissant et sombre,
        Sur le seuil du siècle est debout.

                (*Les Orientales*, 1828.)

A LA COLONNE

    « Plusieurs pétitionnaires demandent que la Chambre intervienne pour faire transporter les cendres de Napoléon sous la colonne de la place Vendôme.

    Après une courte délibération, la Chambre passe à l'ordre du jour.

    Chambre des Députés. — Séance du 7 octobre 1830. »

V

    Non. S'ils ont repoussé la relique immortelle,
¹⁵⁰ C'est qu'ils en sont jaloux ! qu'ils tremblent devant
                                  [elle !
        Qu'ils en sont tous pâlis !
    C'est qu'ils ont peur d'avoir l'empereur sur leur tête,
    Et de voir s'éclipser leurs lampions de fête
        Au soleil d'Austerlitz !

155 Pourtant, c'eût été beau ! — Lorsque, sous la
[colonne,
   On eût senti présents dans notre Babylone
      Ces ossements vainqueurs,
   Qui pourrait dire, au jour d'une guerre civile,
   Ce qu'une si grande ombre, hôtesse de la ville,
160   Eût mis dans tous les cœurs !

   Si jamais l'étranger, ô cité souveraine,
   Eût ramené brouter les chevaux de l'Ukraine
      Sur ton sol bien-aimé,
   Enfantant des soldats dans ton enceinte émue,
165 Sans doute qu'à travers ton pavé qui remue
      Ces os eussent germé !

   Et toi, colonne ! un jour, descendu sous ta base,
   Le pèlerin pensif, contemplant en extase
      Ce débris surhumain
170 Serait venu peser, à genoux sur la pierre,
   Ce qu'un Napoléon peut laisser de poussière
      Dans le creux de la main !

   O merveille ! ô néant ! — tenir cette dépouille !
   Compter et mesurer ces os que de sa rouille
175   Rongea le flot marin.
   Ce genou qui jamais n'a ployé sous la crainte,
   Ce pouce de géant dont tu portes l'empreinte
      Partout sur ton airain !

   Contempler le bras fort, la poitrine féconde,
180 Le talon qui, douze ans, éperonna le monde,
      Et, d'un œil filial,
   L'orbite du regard qui fascinait la foule,
   Ce front prodigieux, ce crâne fait au moule
      Du globe impérial !

185 Et croire entendre, en haut, dans tes noires entrailles,
   Sortir du cliquetis des confuses batailles,
      Des bouches du canon,
   Des chevaux hennissants, des villes crénelées,
   Des clairons, des tambours, du souffle des mêlées,
190   Ce bruit : Napoléon !

          (*Les Chants du Crépuscule*, 1835.)

NAPOLÉON II

I

Mil huit cent onze! — O temps où des peuples
                [sans nombre
Attendaient prosternés sous un nuage sombre
    Que le ciel eût dit oui!
Sentaient trembler sous eux les états centenaires,
⁵ Et regardaient le Louvre entouré de tonnerres,
    Comme un mont Sinaï!

Courbés comme un cheval qui sent venir son maître,
Ils se disaient entre eux! — Quelqu'un de grand va
                  [naître!
L'immense empire attend un héritier demain.
¹⁰ Qu'est-ce que le Seigneur va donner à cet homme
Qui, plus grand que César, plus grand même que
                  [Rome,
Absorbe dans son sort le sort du genre humain? —

Comme ils parlaient, la nue éclatante et profonde
S'entr'ouvrit, et l'on vit se dresser sur le monde
¹⁵   L'homme prédestiné,
Et les peuples béants ne purent que se taire,
Car ses deux bras levés présentaient à la terre
    Un enfant nouveau-né.

Au souffle de l'enfant, dôme des Invalides,
²⁰ Les drapeaux prisonniers sous tes voûtes splendides
Frémirent, comme au vent frémissent les épis;
Et son cri, ce doux cri qu'une nourrice apaise,
Fit, nous l'avons tous vu, bondir et hurler d'aise
Les canons monstrueux à ta porte accroupis!

²⁵ Et lui! l'orgueil gonflait sa puissante narine;
Ses deux bras, jusqu'alors croisés sur sa poitrine[1],
    S'étaient enfin ouverts!
Et l'enfant, soutenu dans sa main paternelle,

---

1. Attitude de l'Empereur popularisée par l'image. Le fils de Napoléon naquit à Paris le 20 mars 1811 et mourut à Vienne le 22 juillet 1832. Le poème fut publié par Hugo un mois après cette mort.

Inondé des éclairs de sa fauve prunelle
30   Rayonnait au travers !

Quand il eut bien fait voir l'héritier de ses trônes
Aux vieilles nations comme aux vieilles couronnes,
Éperdu, l'œil fixé sur quiconque était roi,
Comme un aigle arrivé sur une haute cime,
35 Il cria tout joyeux avec un air sublime :
— L'avenir ! l'avenir ! l'avenir est à moi !

(Les Chants du Crépuscule, 1835.)

L'EXPIATION

Ce poème célèbre fut composé à la fin de novembre 1852, alors que la proclamation de l'Empire paraissait déjà inéluctable. Cependant les vers 245-280 avaient été rédigés dès 1847.

Le 17 juillet 1851, Hugo rappela devant l'Assemblée législative comment Napoléon, un millénaire après, avait repris le sceptre et l'épée de Charlemagne. Il railla le Prince-Président de vouloir « prendre dans ses petites mains ce sceptre des titans, cette épée des géants ».

Les fragments les plus connus sont ceux où le poète évoque la Retraite de Russie (I) :

L'empereur était là, debout, qui regardait.
Il était comme un arbre en proie à la cognée.
50 Sur ce géant, grandeur jusqu'alors épargnée,
Le malheur, bûcheron sinistre, était monté,
Et lui, chêne vivant, par la hache insulté,
Tressaillant sous le spectre aux lugubres revanches,
Il regardait tomber autour de lui ses branches.

Waterloo (II), Sainte-Hélène (III), où l'Empereur est un Christ-Prométhée :

Il est, au fond des mers que la brume enveloppe,
Un roc hideux, débris des antiques volcans.
160 Le Destin prit des clous, un marteau, des carcans,
Saisit, pâle et vivant, ce voleur du tonnerre,
Et, joyeux, s'en alla sur le pic centenaire
Le clouer, excitant par son rire moqueur

Le vautour Angleterre à lui ronger le cœur.

165 Évanouissement d'une splendeur immense !
Du soleil qui se lève à la nuit qui commence.

> Mais les parties V et VI s'attachent uniquement à la *personne* de l'Empereur. La fin du poème évoque la véritable expiation imposée au grand Napoléon, qui commit la faute d'assassiner la liberté le 18 brumaire : ce n'est ni les défaites, ni l'exil; c'est l'infamie de Napoléon-le-petit, Napoléon III.

V

Le nom grandit quand l'homme tombe :
Jamais rien de tel n'avait lui.
235 Calme, il écoutait dans sa tombe
La terre qui parlait de lui.

La terre disait : « La victoire
A suivi cet homme en tous lieux.
Jamais tu n'as vu, sombre histoire,
240 Un passant plus prodigieux !

« Gloire au maître qui dort sous l'herbe !
Gloire à ce grand audacieux !
Nous l'avons vu gravir, superbe,
Les premiers échelons des cieux !

245 « Il envoyait, âme acharnée,
Prenant Moscou, prenant Madrid,
Lutter contre la destinée
Tous les rêves de son esprit.

« A chaque instant, rentrant en lice,
250 Cet homme aux gigantesques pas
Proposait quelque grand caprice
A Dieu, qui n'y consentait pas.

« Il n'était presque plus un homme.
Il disait, grave et rayonnant,
255 En regardant fixement Rome :
C'est moi qui règne maintenant !

« Il voulait, héros et symbole,
Pontife et roi, phare et volcan,
Faire du Louvre un Capitole,
260 Et de Saint-Cloud un Vatican [1].

« César, il eût dit à Pompée :
Sois fier d'être mon lieutenant !
On voyait luire son épée
Au fond d'un nuage tonnant.

265 « Il voulait, dans les frénésies
De ses vastes ambitions,
Faire devant ses fantaisies
Agenouiller les nations,

« Ainsi qu'en une urne profonde,
270 Mêler races, langues, esprits,
Répandre Paris sur le monde,
Enfermer le monde en Paris !

« Comme Cyrus dans Babylone,
Il voulait sous sa large main
275 Ne faire du monde qu'un trône
Et qu'un peuple du genre humain,

« Et bâtir, malgré les huées,
Un tel empire sous son nom,
Que Jéhovah dans les nuées
280 Fût jaloux de Napoléon ! »

VI

Enfin, mort triomphant, il vit sa délivrance [2],
Et l'océan rendit son cercueil à la France.
L'homme, depuis douze ans, sous le dôme doré
Reposait, par l'exil et par la mort sacré.
285 En paix ! — Quand on passait près du monument
[sombre,

---

1. Napoléon se considérait comme le successeur des empereurs de l'antique Rome (évoquée par le Capitole). Il voulait se subordonner le pouvoir du pape. Pie VII avait baptisé à Saint-Cloud en 1805 un frère de l'Empereur.
2. En 1840, le prince de Joinville, fils de Louis-Philippe, ramena de Sainte-Hélène les cendres de Napoléon et les déposa aux Invalides.

On se le figurait, couronne au front, dans l'ombre,
Dans son manteau semé d'abeilles d'or, muet,
Couché sous cette voûte où rien ne remuait,
Lui, l'homme qui trouvait la terre trop étroite,
290 Le sceptre en sa main gauche, et l'épée en sa droite,
A ses pieds son grand aigle ouvrant l'œil à demi,
Et l'on disait : C'est là qu'est César endormi !

Laissant dans la clarté marcher l'immense ville,
Il dormait ; il dormait confiant et tranquille.

(*Les Châtiments*, 1853.)

L'AVENIR

Un jour, moi qui ne crains l'approche d'aucun
[spectre,
J'allai voir le lion de Waterloo. Je vins
Jusqu'à la sombre plaine à travers les ravins ;
C'était l'heure où le jour chasse le crépuscule ;
30 J'arrivai ; je marchai droit au noir monticule.
Indigné, j'y montai ; car la gloire du sang,
Du glaive et de la mort me laisse frémissant.
Le lion se dressait sur la plaine muette ;
Je regardais d'en bas sa haute silhouette ;
35 Son immobilité défiait l'infini ;
On sentait que ce fauve, au fond des cieux banni,
Relégué dans l'azur, fier de sa solitude,
Portait un souvenir affreux sans lassitude ;
Farouche, il était là, ce témoin de l'affront.
40 Je montais, et son ombre augmentait sur mon front.
Et, tout en gravissant vers l'âpre plate-forme,
Je disais : Il attend que la terre s'endorme ;
Mais il est implacable ; et la nuit par moment
Ce bronze doit jeter un sourd rugissement ;
45 Et les hommes, fuyant ce champ visionnaire,
Doutent si c'est le monstre ou si c'est le tonnerre.
J'arrivai jusqu'à lui, pas à pas m'approchant...

J'attendais une foudre et j'entendis un chant.

Une humble voix sortait de cette bouche énorme.
50 Dans cette espèce d'antre effroyable et difforme

Un rouge-gorge était venu faire son nid ;
Le doux passant ailé que le printemps bénit,
Sans peur de la mâchoire affreusement levée,
Entre ces dents d'airain avait mis sa couvée ;
⁵⁵ Et l'oiseau gazouillait dans le lion pensif.
Le mont tragique était debout comme un récif
Dans la plaine jadis de tant de sang vermeille ;
Et comme je songeais, pâle et prêtant l'oreille,
Je sentis un esprit profond me visiter,
⁶⁰ Et, peuples, je compris que j'entendais chanter
L'espoir dans ce qui fut le désespoir naguère,
Et la paix dans la gueule horrible de la guerre.

Bruxelles, 5 mai 1871

(*L'Année terrible*, 1872)

● **« Tête d'or » et le héros claudélien**

Paul Claudel (1868-1955) découvre en juin 1886 les *Illuminations* de Rimbaud : « *J'avais la révélation du surnaturel.* » Dans l'œuvre du poète adolescent, il retrouve le désir exalté qui l'anime. Le soir de Noël 1886, entré à Notre-Dame, il connaît une seconde expérience capitale : l'accès soudain à la foi catholique. Mais de ce moment fulgurant à la rénovation profonde et durable de son univers intérieur vont s'écouler encore quelques années. *Tête d'Or* a été composé pendant cette période troublée, où le Désir de grandeur qui n'a jamais cessé d'habiter Claudel recherche encore la façon dont il peut s'ajuster à la vision catholique du monde (1889, 1re version).

Comme Bossuet ou Victor Hugo, l'auteur de *Tête d'Or* est entraîné naturellement vers l'épique. Il aimait d'ailleurs Eschyle, Pindare, Virgile, Dante... De *La Ville* (1890) au *Soulier de Satin* (1924), son œuvre est habitée par la rêverie héroïque : Cœuvre, Tête d'Or, Rodrigue... Mais cette rêverie n'a jamais été plus intense que dans *Tête d'Or*, où le héros fait penser à Samson (par sa chevelure), à Prométhée (sur le Caucase), au Christ. Le poète, lui, a reconnu des frères en Beethoven, Rimbaud, Wagner, Lautréamont et peut-être Nietzsche.

« Tête d'Or, héritier d'une tradition du héros épique, homme s'égalant volontiers aux Dieux, ivre de vivre une seule vie, mais splendide, ivre d'avance aussi de la mort qui en est l'achèvement et le triomphe, au milieu d'un cadre épique, — récit de batailles, ardeur de conquête, mort et enthousiasme, forces de la nature à l'œuvre autour de l'homme — se trouve hériter aussi d'une lignée dramatique, ce que suggère déjà la forme choisie, qui est celle de la tragédie, et d'un message philosophique. Aussi en lui se trouvent mêlés révolté et prophète, Prométhée, Siegfried et Zarathoustra » (M.-M. Fragonard, *Tête d'Or ou l'imagination mythique chez Paul Claudel*, Paris, 1968).

Mais rien ne saurait dissimuler que Claudel demeure essentiellement un « primitif », l'un des plus sauvages parmi les écrivains connus. Jamais peut-être la rêverie héroïque n'est apparue ainsi à ciel ouvert! Preuve que l'abâtardissement de l'Imagination par la raison raisonnante et les calculs n'est pas nécessairement fonction de la progression de l'histoire. Certes l'état le plus pur des mythes doit être recherché *à l'origine*, mais cette origine n'est pas d'abord un point reculé dans le temps, c'est un point enseveli dans l'esprit de chaque homme. Quand un poète a pu descendre jusqu'au fond du puits, l'eau de jouvence gicle.

[LE COMPAGNONNAGE HÉROÏQUE]

C'est le début de la pièce. Cébès s'attache à Simon Agnel, dont il a perçu pleinement la grandeur. Il devient le « double » du héros; mais, comme il arrive souvent, ce « double » est plus faible que le protagoniste (voir Olivier dans *Jean-Christophe*) et a pour destin de devenir bientôt la proie de la mort (Enkidu, dans l'*Histoire de Gilgamesh*; Olivier dans *Jean-Christophe*), ce qui attise chez le héros le désir d'immortalité. Le rite de la communion par le sang rappelle à la fois les pratiques de nombreuses religions et la communion au sang du Christ.

SIMON. — Fait-il noir? ce champ pour moi est éclairé
D'une lumière plus éclatante que la pleine lune.
Que tenterai-je? sur quoi me jetterai-je d'abord?

L'audace aux yeux perçants crie en avant, et une trompette de fer excite mon cœur désespéré !

Une gloire m'a été donnée, âpre, ennemie des larmes des femmes et des marmots, elle n'est pas faible !

Puissé-je devenir terrible ! puissé-je épouvanter comme le vent et le feu !

CÉBÈS. — Simon, je ne te lâcherai point avant que tu n'aies répondu.

Silence.

SIMON. — J'ai entendu ce que tu as dit. Je demande : qui est-ce qui est là ?

Je demande que tu t'engages à moi pour toujours.

CÉBÈS. — Oui, je le fais.

SIMON. — Comprends-moi : dompte entièrement la répugnance de l'autre homme ! soumets-toi entièrement à moi. Cela est dur ; ne décide pas à la légère.

CÉBÈS, *après un moment.* — Je le veux.

SIMON. — Je te ferai part d'une assurance. Tu demandes une réponse de mots,

Et moi, je te donnerai une âme et un corps, moi-même.

CÉBÈS. — Tu...

SIMON. — C'est deux personnes coupables qui se sont trouvées !

Tu t'accroches à ma blouse, et ce que tu touches, c'est toi seulement, et moi, un homme ! Vain objet, privé de sens ! Comprends des mains cette douleur !

Combien il est magnifique que cette bouche prononce son Je !

Mais la résolution connaît son soir ; ce consul qui devait rester ouvert,

Les yeux s'en vont, et celui qui est debout chancelle.

Voici que toutes choses changent, il faut que je résiste : j'ai erré comme une lueur, il faut que je m'élève comme la flamme enracinée !

Ne me laisse pas seul ! Toi, aie confiance en moi ! dis-moi que cela est possible !

CÉBÈS. — Espère fermement !

SIMON. — Tu le dis ? tu le crois ? Oui, je le pourrai.

CÉBÈS. — Ici, moi le premier je te salue !

SIMON. — Tu t'es agenouillé devant moi, quelle pitié !

Tu as eu tort, car tu ne dois pas croire
Que je sois rien d'autre que toi. Cependant, puisque tu es ainsi,
Reste, et que je serve d'autel !
Approche et appuie ta tête sur le creux de ma poitrine.

CÉBÈS. — Je te prie et te salue.

SIMON. — Toi qui as souffert, tu m'étreins.

CÉBÈS. — Ah !
Cette liqueur brûlante qui coule sur mes cheveux...

SIMON. — C'est mon sang. Ainsi l'homme, bien qu'il n'ait pas de mamelles, saura répandre son lait !
Et toi maintenant,
Te voici comme une servante qui avant de partir
Embrasse l'arbre du crucifix.
Mais le vieux monstre de sa mâchoire de granit tire vers le ciel sa bride de ronces,
Et un verdier pépie sur l'épaule ruinée !
Encapuche-toi de mon sang salé ! Oh ! que je jute comme un pressoir, et que mon cœur
Jette le sang à coups violents !
Mon ami, c'est ainsi que nous nous saluons, toi et moi qui porte un vase de sang chaud dans les ténèbres,
Comme deux parents qui, par-delà la mort, se reconnaissent dans la nuit éternelle sans se voir,
Et se jettent l'un sur l'autre en ruisselant de pleurs !

CÉBÈS. — Es-tu un rêve ?

SIMON. — Non, ne le crois pas. Mais je suis un homme qui vit.

CÉBÈS, *se relevant*. — Je me relève maintenant.
Qu'aucune âme d'homme ne soit troublée et qu'elle trouve le repos.
Pour moi qui t'ai tenue, Majesté, le moment est venu que j'ai pu dire : J'ai assez !
Que ce lieu où un Roi me donna son sang,
Que ce tournant de chemin soit marqué d'une pierre et appelé d'un nom !

SIMON. — C'est bien. Pars, va-t'en !

CÉBÈS. — Adieu donc !

SIMON. — Jouis de la tranquillité !

Sort Cébès.

[LE HÉROS TUE LE ROI]

Simon, à la tête de l'armée royale, vient de *sauver* l'État, qui menaçait ruine. *A l'aurore* il rentre victorieux au palais. Cébès à ce moment meurt. Tête d'Or s'écrie : « Je veux régner... Oh! que j'accomplisse le mieux et que je sois roi! ». Le bestiaire du héros est caractéristique : le phénix est l'oiseau de la mort et de la renaissance, l'alouette le symbole de l'ascension irrésistible vers le soleil; viennent ensuite deux animaux, le sphinx et le cheval volant aux serres d'aigle, qui appartiennent à la fois au ciel et à la terre, comme le héros divin. Jamais peut-être l'opposition entre l'exaltation héroïque et le train-train politico-social n'a été plus violemment soulignée : c'est elle qui anime tout le texte. Comme souvent les héros, Tête d'Or ignore les hésitations et le remords (voir le Rodrigue de Corneille, après les Stances). Sa grandeur réside en ce qu'il incarne la logique de la rêverie héroïque suivie *jusqu'au bout*. Claudel est ici un extrémiste de l'imagination.

Hommes vivants! j'ai l'air de venir
Comme quelqu'un qui demande quelque chose contre rien.
Cependant ne me refusez pas ce que je réclame, qui est Tout!
Il y a autre chose qu'une terne clarté!
Le phénix trouve son nid au four flamboyant de la lumière;
L'alouette devant l'aube des cieux monte,
Oui, et les campagnes infinies de l'air rayonnant
S'emplissent du cri de ce furieux peloton de plumes!
Et c'est ainsi que je m'élève, non pas comme le petit oiseau,
Mais comme le sphinx aux cris éclatants, le cheval volant aux serres d'aigle, porte-mamelles!
Et si quelqu'un de vous m'appelle femme à cause de ces cheveux longs, il est vrai!
Il n'y a pas un de vous qui ne me soit précieux; pas un de vous, si vil qu'il soit, que je ne désire
Emprendre comme l'air flamboyant!

Mais peut-être que, croyant que j'étais à vous,
Voyant que je suis mon propre ouvrier, vous êtes
tristes,
Comme au printemps se rompt le cœur d'Écho-la-
nymphe,
Quand le sanglant pavot remplace les jaunes cou-
cous [1] !

Un Homme, *s'avançant.* — Tu veux t'emparer de la
chose publique? Tête d'Or, malgré que tu aies grandement mérité...

Tête d'Or. — Mérité? — Qu'ai-je mérité en vous
sauvant,
Vous qui ne valez rien, vous tous ensemble,
Plus qu'un seul ou que toi-même, — impudent?

L'Homme. — Je disais que, malgré cela, nous ne te
permettrions rien de plus qu'aux autres.

Tête d'Or. — Vraiment? Eh bien !
Oubliez que je suis Tête d'Or et chef d'armée, je
l'ordonne !
Et cette victoire dont le sommeil même ne me sépare
pas encore !
Que je paraisse à l'instant devant vous, sans nom,
sans titres : je réclame la toute-puissance !

Un Assistant. — J'espère !
Quel homme es-tu? voyez-vous cela?

Tête d'Or. — Et je m'en emparerai !

Le même Homme. — Alezan, respect aux lois !

Tête d'Or. — Ha, ha ! celui-là est le plus drôle !
Le monde, depuis sa création redoutable,
N'est pas assez immense pour m'empêcher de dire
Non, si je veux.
Eux, ayant torché on ne sait quoi, ils présentent
Comme un talisman ce papier gris ! j'occuperai cette
place.

L'Empereur. — Tu ne le dois pas ! respecte l'autorité
antique !

Tête d'Or. — Hé, voyez si ce vieux joujou ne devient
pas sévère !

---

1. *Écho :* nymphe qui devint amoureuse du jeune et beau Narcisse. Quand ce
dernier mourut, à la place où il expira poussa une fleur jaune qui reçut son nom :
narcisse (le narcisse des bois est aussi appelé coucou).

Tu te vantes d'être le serviteur de tous; qu'es-tu donc toi-même?

Certes, Roi, il faisait beau te voir tantôt, comme un cadavre d'épouvantail,

Coiffé d'un pot à pisser, faire la guerre aux petits oiseaux!

Je commanderai parce que cela est juste!

Qu'il se montre, celui qui m'a pris à lui et lié,

Que sur sa poitrine pommelle ou non la double rondeur!

J'aurais pu obéir, mais parce qu'ayant regardé j'ai vu

Que les hommes ne sont pas sages,

Mais que, comme des gens ivres, ils errent en vomissant,

J'ai trouvé qu'il faut

Que celui qui le peut commande, et cela a plu à mon cœur!

Il en est temps.

Un Assistant. — Si nous le voulons!

Tête d'Or. — Cela ne dépend pas de vous!

Le Même. — Tu éprouveras le contraire!

Un Autre. — Excès d'insolence!

Un Autre. — L'homme est dangereux!

Plusieurs Autres. — Saisissez-le! saisissez-le!

Un Autre. — A mort!

Tête d'Or. — Je dis que je monterai...

Il s'avance vers le trône.

L'Empereur. — Non, tant que je vivrai! Je ne puis le permettre!

Tête d'Or. — Permettre, blaireau chassieux?

Que bêle ce vieux mâle! Est-ce que les masques de fontaine

Qui jettent de l'eau par la baulèvre vont extraguer des facéties par le nez?

Il s'avance de nouveau.

L'Empereur, *le saisissant.* — Arrête!

Tête d'Or. — Lâche-moi,

La Glu! Ah! ah! va-t'en, de peur que je te tue, couillon! Ha!

Il le rejette violemment.

L'EMPEREUR, *se relevant et revenant sur le chemin de Tête d'Or.* — Arrête!

TÊTE D'OR. — Au large!

L'EMPEREUR. — Tu ne passeras pas!

TÊTE D'OR *tire son épée et le tue.* — Va-t'en avec les choses passées!

Glouton

Jusqu'à se créer une nouvelle bouche[1]!

Il essuie son épée et la remet au fourreau. Violentes clameurs. Confusion. Les uns se précipitent au-dehors. Les autres interrogent et veulent voir.

Ah! — Oh! — L'Empereur est tombé! — Au meurtre! — Il est tué! Il est mort!

Petite pause.

LE PREMIER, *d'une voix éclatante.* — Permettrons-nous cela? Le laisserons-nous faire parade, comme la poule qui, l'œuf pondu, codache?

D'AUTRES. — Tuez-le! tuez-le!

UN AUTRE. — Cognez! jetons-nous ensemble sur lui! qu'il ne sorte pas d'ici!

TÊTE D'OR. — C'est moi qui l'ai tué! Et voyez,
Si vous appelez quelque chose
Vos droits, vos intérêts,
Vos désirs, vos idées, vos habitudes, votre famille,
Je les foule sous mes pieds comme ce corps mort!
Qu'ils soient comptés comme rien!

[LA RECONNAISSANCE ET LE DÉFI]

L'Empereur est mort. Tête d'Or dompte par son seul ascendant la foule, d'abord hostile, et se fait « reconnaître » comme le Chef. L'opposition entre la vie quotidienne (la famille, le métier, le ménage...) et la conquête, la liberté héroïques se poursuit. Comme chez Rimbaud, l'exaltation de l'âme se nourrit des

---

1. *Glouton :* insulte courante dans *La Chanson de Roland*. Il semble que Claudel la développe dans le sens de la métaphore homérique : la chair dévore l'arme (qui la transperce).

grands spectacles de la nature (voir « Bateau ivre » et, dans les *Illuminations*, « Aube »...). Comme nombre d'anciens héros, Simon s'adresse à son épée et défie la foule.

Il bondit vers eux en grondant. Ils reculent tous. Il marche violemment en serrant les poings et en grinçant des dents d'un bout à l'autre de la scène, les regardant et baissant la tête tour à tour.

Ah ! ah !
Vous êtes des daims et des chevreuils, et moi je suis un lion, une chose
Féroce, terrible !
Votre chair tremble comme une oreille cuite, et moi,
Moi ! de larges nerfs bandent mes membres pour une fin inconcevable !

              Il s'arrête et se tourne vers eux.

Au nom de la mer !
Par la tragique naissance de cette journée,
Par l'orage,
Dont les montagnes volantes au-dessus des faubourgs désolés
Arment le Sud, faisant injure au ciel sanglant !
Par le retentissement du tonnerre et le poumon sulfureux de la foudre rose !
Par l'attelage des vents qui traînent leur roule sur les masses bondissantes des mugissantes forêts ! Par l'hiver
Du vent qui courbe les arbres, chasse les mondes de nuages, crible de sables les fanes [1] brûlées des pommes de terre, et de la neige aveuglante,
Et de la pluie haute, infinie du crépuscule, qui fusille les routes, et les buissons, et les meules, et les labours !
Par la tranquillité de l'air obscur, par les apparitions armées dans la nuit des sapins !
Par la violence de l'incendie et de l'inondation irrésistible !
Par les tourbillons fatidiques ! par le silence des cimes toujours neigeuses !

---

1. *Fane :* feuille de certaines plantes herbacées (pommes de terre, carottes...)

Et par toutes les choses terribles!

A la fin, vous qui êtes là, ne reconnaîtrez-vous pas qui je suis?

L'Un d'Eux. — Seigneur, pardonne-nous.

Tête d'Or. — Je ne suis pas venu comme l'humble dieu de la soupe,

Bienveillant, clignant des yeux dans la vapeur de la viande et du chou.

— Pousse un cri âpre, mon âme, élance-toi en avant!

Je vous propose de vous laver de votre honte et de vous lever de votre bassesse,

Et de vous venger d'un sort dur et méprisable,

Et de ce que vous êtes vous-mêmes, si la force comme l'innocence absout;

De connaître ce qui est plus vaste que vous, de posséder effectivement

Tout ce que les yeux peuvent saisir, et d'en jouir.

Un Premier, *à un autre*. — Que dites-vous?

Le Second. — Je ne puis le frapper. Mon bras
N'a point de force contre lui.

Le Troisième. — L'Empereur est tué. Pourquoi...

Le Premier. — Oui, pourquoi ne serait-il pas...

Un Quatrième. — ... Notre chef? Est-ce ce que vous voulez dire?

Tête d'Or. — Pour vous, que décidez-vous?

Le Premier. — Nous ferons ce que tu veux.

Tête d'Or. — C'est bien. J'aurai vaincu cette fois encore!

— Que l'un de vous me rapporte mon épée.

Le Second, *ramassant l'épée*. — La voici.

> *Il la lui donne.*

Tête d'Or. — Épée!

Gage, espérance réelle, toi qui

As vaincu une fois déjà,

Je te lèverai comme un flambeau, signe immortel de la victoire, que je tiens!

> *Il tire l'épée.*

Je tire l'épée contre un monde de pleurs et de fatigue!

Et toi, qui que tu sois, hasard ou cours des choses, qui

As mené nos pieds aveugles dans ce désert où

L'homme reste seul avec le bruit de son cœur,
Tu ne feras point tomber celui
Qui, bien qu'au milieu d'un cimetière, trouve en
lui-même un suffisant été !
Oh ! qui
Ne serait pas empli d'une affreuse colère ?
Ainsi,

> *Il lance au loin le fourreau.*

Je te défie, contrée aride ! Toi qui me refuses toute joie, j'établirai sur toi mon domaine !

Brille nue, lame, jusqu'à ce que cette entreprise soit finie !

Et si quelqu'un est las de cette vie de tailleur, qu'il me suive ! S'il en est

Qu'indigne cette vile et monotone après-midi, reste de la digestion et veille du somme, qu'il vienne à moi !

Si vous songez que vous êtes des hommes et que vous vous voyez empêtrés de ces vêtements d'esclaves, oh ! criez de rage et ne le supportez pas plus longtemps !

O ce monde ennuyeux ! l'homme, comme un fœtus parmi les glaires,

Se repaît de son imbécillité.

L'un vit et chicane pour son manger, et son sommeil, et son loisir, et sa part du malheur, et les lèvres sucrées des demoiselles, et les travaux de la paternité.

Mais l'autre, comme un dieu, aura sa part de commandement.

[LES CHEVEUX DU SOLEIL]

Comme Samson, Siegfried ou Gauvain, Simon Agnel porte une longue chevelure, symbole de son rayonnement solaire. Mais jamais un créateur n'avait ainsi célébré les rayons blonds qui dans la rêverie éclairent le visage des conquérants. Il existe une parenté, constamment soulignée dans la pièce, entre le héros, le soleil et l'or : ici encore la poésie de l'or chez Rimbaud pouvait nourrir la création claudélienne.

Tête d'Or a pour interlocuteur Cassius, son plus fidèle lieutenant.

TÊTE D'OR. — Par ces cheveux
       Il secoue et déploie ses cheveux.

Splendides, imprégnés par l'Aurore, toison trempée dans le sang de la Mer,
Voile d'or que je soulève avec mes mains!
J'oserai, je tiendrai le pied, là où nulle feuille ni source qui tinte
Ne murmure plus de conseil ordinaire.
Oh!
N'est-ce pas sûr, visible?
Cette torche divine qui me revêt la tête et les épaules me dit d'aller et de ne point craindre!
— Eh bien, est-il donc si dur de m'obéir?
Vigneron du feu et de la mer, pour vous sans doute j'apporte la fin des maux entre mes mains!
— (*A Cassius.*) Toi, que fais-tu? pourquoi ne t'es-tu point relevé?
CASSIUS. — Je t'en prie, laisse-moi encore rester.
TÊTE D'OR. — Suis-je ton maître?
CASSIUS. — O Espérance d'or! très chère violence arrivée à la fin de notre journée lugubre!
Comme le soleil fait paraître plus douce sa potion,
Quand il inonde les vieux toits après des siècles de suie,
Laisse-moi te toucher! O notre très splendide Automne, guide-nous!
Et maintenant je me relève comme tu me l'ordonnes,
       Il se relève.

Et je crie : En avant! levez-vous tous, traînez les chariots et les canons!
Et sortons de cet ennuyeux ravin; que le vent de l'air libre et le soleil rouge frappent nos visages!
Le monde verra! et il sera frappé d'égarement,
Et, comme un juge prévaricateur,
Proclamant contre lui-même sa sentence, trébuchera de son tribunal pourri,
Quand nos trompettes par les champs rendront une telle clameur

Que l'effort du cuivre et du bronze désormais ne paraîtra plus sonore!

Tête d'Or. — Au centre de la grande Terre il y a un champ,

Et celui, qui des éperons jusqu'au cimier s'enguirlandera de ses bluets et de ses fumeterres [1],

— Par les plaines et par le théâtre des monts,

Par les eaux, par les larges fleuves, et les remuantes forêts,

Sera appelé Roi, Père,

Tige de justice, siège de prudence!

— J'engage mon pas où ne se tait point le tambour, où ne se retourne point le baudrier,

Dans une voie bordée de feu, pleine de violence et de cris terribles!

Je ne craindrai point! Je me lèverai comme la famine et le cyclone!

La Haine, et la Colère,

Et la Vengeance, et l'Image frénétique de la Douleur,

Marchent devant moi, et l'Espérance montre sa face solennelle!

Allons! le temps commande et la route ne permet plus de désobéir.

Je marcherai! je combattrai! j'écraserai l'obstacle sous mes pieds! je briserai la résistance frivole comme un bois mort!

[LE HÉROS ET LA FEMME]

Tête d'Or, au terme de longues conquêtes, a gagné le Caucase. C'est là, dans la montagne, que s'est réfugiée la malheureuse *fille du roi assassiné*. Un déserteur, qui passait par son refuge, l'a, par haine et sadisme, crucifiée à un sapin. Cependant une bataille se livre : l'armée de Simon bat en retraite, et laisse son Chef au milieu des troupes adverses, où il est blessé à mort; mais le sort de la bataille change, et l'armée triomphe finalement des ennemis. Tête d'Or mourant se fait déposer non loin de l'arbre où la Princesse est crucifiée et ordonne à

---

1. *Fumeterres :* plante des champs, à petites fleurs roses munies d'un éperon.

ses généraux de le laisser seul face à la mort. C'est alors qu'il entend gémir la Princesse, s'en va en titubant arracher les clous avec ses dents, puis se recouche.

Pour Claudel, « *la Princesse représente toutes les idées de douceur et de suavité : l'âme, la femme, la Sagesse, la Piété.* » Tête d'Or l'appelle « Grâce »... et cède d'abord à son attrait. Mais dans un ultime sursaut, il réaffirme la solitude héroïque et rejette l'univers féminin. Au prix d'une réduction de la Princesse à une « femelle », à un être sans grandeur! Sur ces flottements et ce sursaut s'achève la pièce, *au soleil couchant*. La Princesse, elle aussi, meurt. L'armée se met en marche sur le chemin du retour, vers l'Ouest.

LE ROI. — Ton visage est beau, et à lui seul indique la souveraineté.
— Tu me hais avec raison. Car il paraît
Que nous devons haïr ceux qui nous ont fait tort.
Et toi,
Tu as grandement à te plaindre. Venge-toi
Sur ces pitoyables décombres!
Mais, je t'en prie, fais une de ces deux choses :
Ou de me tuer, si tu le veux, mais sur-le-champ,
Ou de me laisser mourir et de ne point me troubler
par des cris ou des reproches. Car
C'est le moment que je me recueille pour moi.
LA PRINCESSE. — Je ne vous hais pas.
LE ROI. — C'est bien. Adieu, ma fille! (*Il lui sourit.*)
                                                                Pause.
LA PRINCESSE. — O Tête d'Or!
Je suis contente que tu aies tué mon père!
O heureuse que je suis! C'est toi
Qui m'a pris mon siège royal, et c'est par toi
Que j'ai brûlé mes pieds sur tous les chemins, et que
j'ai été méprisée, outragée, et que je suis arrivée
jusqu'ici, et que je meurs!
Et j'aurais voulu
Que ce fût toi aussi qui m'eusses clouée à cet arbre,
Vois-tu!
Et alors, en t'aimant, je serais morte en silence.
Mais tu m'as délivrée et je te parlerai.
Mon très cher! mon bien très précieux!

Vois-tu, cette peine que tu me fis ne fut pas inutile. Je meurs vraiment comme toi. Cette dernière, cette longue souffrance m'a gelée à mort.

Oh! puissé-je être comme la fleur coupée dont le parfum est plus fort,

Comme l'herbe, qui seulement fauchée, embaume notre prairie!

Oh! je suis heureuse de penser qu'il n'y a pas une de tant de souffrances qui ne soit à toi,

Et que maintenant je ne puisse te rendre comme un parfum, mon maître!

LE ROI. — O Grâce aux mains transpercées!

Douce comme le dernier soleil!

Heureux qui pourra prendre le ravissement sous les bras et le baiser sur sa très douce joue!

Je suis charmé de te voir, Bénédiction!

Comme le suprême soleil

Jaunit la salive sur les lèvres et l'eau des yeux et les berceaux de roses,

Et rend une foule heureuse dans la brume...

Je ne vois plus clair! Écoute ce que j'ai à te dire. La mort me presse!

LA PRINCESSE. — Je t'en prie, ne meurs pas encore!

LE ROI. — La mort n'est rien; mais voici, voici la dernière angoisse!

Sur quelle poitrine poses-tu ta tête, Grâce!

La vendange est pressée tout entière, et mes blessures ne rendent plus que de l'eau.

J'ai voulu ne pas pleurer, et me lever pour marcher, mais je vois que j'ai été fou,

Et que l'homme ne devrait pas faire autre chose que pleurer, et que des larmes

Sans cesse nouvelles devraient bouillir de ses yeux pour laver ses joues encroûtées de sel!

Il t'a été donné de ravir les cœurs, auguste rejeton de cèdre! Quel présent voulais-tu me faire que de ce que tu as?

LA PRINCESSE. — Je te donne tout ce que j'ai.

LE ROI. — Et moi aussi, je ne fus pas privé d'étrennes. Ha a a a! ha!

LA PRINCESSE. — Il est affreux de rire en ce moment! ne pousse pas ce rauque ricanement!

LE ROI. — C'est que je n'ai été rien !

Car, pas plus que l'image ne retient l'image du feu,
L'homme ne garde aucun bien.

Oh ! je voudrais vivre encore et employer tout ce qui me resterait de vie
A prophétiser à chacun sa sottise !

Va-t-en ! rappelle l'armée pour qu'elle voie bien quel pantin
J'ai été ! Et toi non plus,
Tu n'es rien de plus que n'importe quelle femelle, car tout âme est une très vile comédie.

Alors, pourquoi n'ai-je pas eu la stupidité du vacher, ou n'ai-je pas nagé,
Comme un de ces morceaux de chair vague que forme la mer comme des pis ?

Cela, cela est intolérable ! pourquoi est-ce que je vis encore, et que je ne puisse mourir
Comme les autres, sans souffrir encore de la vie, au moins !

Oh ! que nos bras fondent comme la glace
Et que des mains de terre ne puissent répondre à notre désir !

— Boue et cendre !

LA PRINCESSE. — Le grand Tête d'Or se désole !
Mais écoute-moi, frère...

LE ROI. — Boue, fiente !

LA PRINCESSE. — Mon frère, écoute ! Si tu pouvais voir ton piteux corps
Noir de sang, plein de plaies, comme un mendiant goûté par les chiens...

LE ROI. — Ah !

LA PRINCESSE. — Jamais ruine ne fut vue de plus lamentable ! Et cependant...

LE ROI. — Ah ! ah !

LA PRINCESSE (*lui posant la main sur la tête*). — Silence ! silence ! ...

... Tu as pu
Redresser debout ces débris, ce haillon de corps,
Et contredisant à la destruction
Marcher vers moi, affliction vivante, tel qu'un muscle écorché !

O aspect très plein de douleur

Que nous nous soyons rencontrés alors, tous deux, Roi !
Toi, rouge, morceau de l'agonie, et moi,
Disloquée, allongée sur un très infâme poteau !
Et toi, ivre, aveugle comme la pauvre chenille,
Tu m'as délivrée !
Et moi,
Je ne permettrai pas que tu meures désespéré. Non,
ne crois pas que tu le puisses !
Elle ne t'abandonnera pas, celle que tu as délivrée
en baisant ses mains sanglantes !
Voilà que tu as délivré celle qui est plus forte que toi !
Le Roi. — Non, femme ! Tu ne peux
Prendre cette vie-ci dans tes cheveux.
Toi, vis ! sois reine ! Je te lègue tout.
L'homme humain,
Comme un voyageur isolé, par un très grand froid,
se retire dans les entrailles de son cheval,
Se blottit en grelottant dans les bras de sa femelle.
Mais leurs serrements de mains, comment ? leurs
tâtonnements électriques, leurs petits cris dans la
chambre noire,
J'appelle cela bêtise puérile, un inutile remède.
Et toi, quand tu serais l'hymen même, je ne veux
pas de toi.
Que je meure solitaire !
De nouveau,
Comme une flamme roule
Dans ma poitrine le grand désir !
Ah !
L'enfant de ma mère ici
A entraîné une confuse fureur, comme son visage la
flamme molle et terrestre de ses cheveux ;
Mais maintenant, moi, mère meilleure, moi-même,
comme un fils rigide, je vais naître une âme chevelue !
J'espère ! j'espère ! j'aspire !
Tu ne peux défaire cette âme dure avec tes ongles
de femme ;
Elle emplit de nouveau son harnais de fer !
— Ah ! je vois de nouveau ! Ah ! ah !

*Le soleil près de se coucher emplit d'une immense
rougeur toute la scène.*

« O soleil! Toi mon
Seul amour! ô gouffre et feu! ô sang, sang, ô
Porte! Or, or! Colère sacrée! » *(Tête d'Or)*
Le pharaon Aménophis IV en adoration
devant le soleil.

O soleil! Toi, mon
Seul amour! ô gouffre et feu! ô sang, sang! ô
Porte! Or, or! Colère sacrée!
LA PRINCESSE. — Comme sa soif le soulève!
LE ROI, *tournant ses yeux vers la terre.* — Je vois donc!
O forêts roses, lumière terrestre qu'ébranle l'azur glacé!
Buissons, fougères d'azur!
Et toi, église colossale du flamboiement,
Tu vois ces colonnes qui se dressent devant toi
pousser vers toi une adoration séculaire!
Ah! ah! cette vie!
Verse un vin âpre dans la souffrance! Emplis de lait
la poitrine des forts!
— Une odeur de violettes excite mon âme à se défaire!
LA PRINCESSE. — Est-ce là mourir?
LE ROI. — O Père,
Viens! ô Sourire, étends-toi sur moi!
Comme les gens de la vendange au-devant des cuves
Sortent de la maison du pressoir par toutes les portes,
Mon sang par toutes ses plaies va à ta rencontre en
triomphe!
Je meurs. Qui racontera
Que, mourant, les bras écartés, j'ai tenu le soleil sur
ma poitrine comme une roue?
O Bacchus, couronné d'un pampre épais,
Poitrine contre poitrine, tu te mêles à mon sang
terrestre! bois l'esclave!
O lion, tu me couvres, tu poses tes naseaux sur mon
menton!
O... cher... chien!
LA PRINCESSE. — Il est mort!
O dépouille, tu reposes dans l'or incorruptible!
O mon seigneur! ô mon âme rude!
Malheureuse que je suis! dirai-je heureuse ou
malheureuse? Il n'y a plus de mort!
Je me souviens de tout, l'hiver, les fêtes,
Les familles, les époques de réjouissance, et le deuil,
les sites, les temps, les pays!
O Prince! ô Maître! Roi des hommes!

Le soleil disparaît. — Long silence. — Le soir.

(P. Claudel, Tête d'Or, Gallimard.)

CHAPITRE VII

DU XIXᵉ AU XXᵉ SIÈCLE : LA MAGNIFICATION DE JEANNE D'ARC

Le 30 mai 1431 à Rouen; un bûcher! Après dix-sept ans de *vie cachée*, Jeanne d'Arc a obéi aux saints (saint Michel, sainte Catherine, sainte Marguerite) qui lui ordonnaient de se rendre auprès du dauphin et de *sauver* la France occupée par les Anglais. Elle a convaincu Charles VII, battu les Anglais à Orléans et à Patay, fait sacrer le roi à Reims. Trahie, faite prisonnière à Compiègne, elle a été déclarée sorcière et hérétique par un tribunal ecclésiastique que présidait l'évêque Cauchon, et brûlée vive.

Du vivant même de Jeanne, Christine de Pisan (1363-vers 1431) a exalté en elle l'héroïsme féminin dans *Le Dittié de Jeanne d'Arc* (1429). Quelques années à peine après sa « passion », Jeanne est célébrée à Orléans dans un *Mystère*. Au terme d'une longue enquête ordonnée par Charles VII, elle est officiellement réhabilitée le 7 juillet 1456. Elle sera béatifiée en 1909 et canonisée en 1920.

Si le souvenir de « Jehanne la bonne Lorraine » (Villon) demeure vivant pendant plus d'un siècle, il s'estompe à l'époque classique. Et ce n'est pas l'œuvre manquée de Chapelain

(*La Pucelle*, 1656) qui pouvait rendre de l'éclat à Jeanne. En 1762, Voltaire la couvre de sarcasmes dans un poème burlesque *La Pucelle d'Orléans*. Il avait pourtant écrit dans l'*Essai sur les mœurs* (1759) qu' « elle eût mérité des autels dans les temps héroïques où les hommes en élevaient à leurs libérateurs ».

A l'étranger, les écrivains anglais voient en Jeanne une magicienne et une fille de joie (Shakespeare, *Henri VI*, 1590-1592), une visionnaire au cœur droit (Th. de Quincey, *Jeanne d'Arc*, 1847), une fille saine et de bonne foi qui a pris ses impulsions pour des ordres du ciel et annonce la Réforme et l'essor des nationalités (B. Shaw, *Sainte Jeanne*, 1923). Schiller a publié en 1801 *La Pucelle d'Orléans*, où il évoque une Jeanne triomphant de la tentation, de la tendresse et du bonheur.

En se passionnant pour le Moyen Age, pour l'histoire, en devenant sensible au « génie du christianisme », le mouvement romantique devait remettre en pleine lumière la figure de Jeanne d'Arc. En 1841 paraît le tome V de l'*Histoire de France* de Michelet (1798-1874), où Jeanne devient l'incarnation même de la France (livre X, ch. 3-4 : détachés et publiés à part en 1853, précédés d'une introduction, mais amputés de la conclusion qu'on trouvait dans l'*Histoire de France*).

Poète et historien, Michelet se situe au confluent de deux lignées : les savants (Quicherat...), les créateurs. Parmi ces derniers, Michelet eut un grand disciple : Ch. Péguy (1873-1914), dont une large partie de l'œuvre regarde Jeanne d'Arc (*Jeanne d'Arc*, 1897; les *Mystères*, 1911-1912; *Ève*, 1913...). Dans son essai *Jeanne relapse et sainte* (1931), Bernanos (1888-1948) souligne la solitude de Jeanne au milieu des docteurs. En 1937 paraît l'admirable oratorio de Claudel (1868-1955) et Honegger, *Jeanne au bûcher;* en 1953, *L'Alouette*, de Jean Anouilh.

Au cinéma, deux chefs-d'œuvre : *La Passion de Jeanne d'Arc*, de Carl Dreyer (1927) et *Le Procès de Jeanne d'Arc*, de Robert Bresson (1962).

***

Cette histoire authentique (Quicherat a édité de 1841 à 1849 cinq volumes où se trouvent les minutes des procès et les témoignages) constituait la plus prodigieuse incarnation de ce que l'imagination humaine pouvait rêver : Jeanne d'Arc était à la fois Antigone, le Christ, la Vierge fragile affrontant les périls, la Pureté au sein d'un monde de compromis et de combines... Chaque artiste a mis l'accent sur l'un ou l'autre de ces aspects : Michelet et Dreyer ont vu en Jeanne le Christ au XVᵉ siècle, Péguy la jeune fille qui vit en sainte au milieu des batailles, Claudel une Antigone éclatante, Bresson la Pureté cernée par le mal. Anouilh a placé au centre de son théâtre le personnage de la jeune fille lumineuse, pure, droite et pourtant sensible, symbole de l'innocence au milieu d'un monde corrompu (*La Sauvage*, 1938; *Antigone*, 1944; *La Répétition*, 1950...). Avec plus de force et moins de facilités, Bresson exprime dans plusieurs de ses films une vision analogue: *Au hasard Balthazar* (1966), *Mouchette* (1967).

[JEANNE D'ARC ET LE MYTHE]

En historien, Michelet ne cesse de souligner la *réalité* de cette vie qui dépasse toute fiction. Mais en même temps, en poète, il s'émerveille devant cette fascinante incarnation de tant de rêves humains. Dans cette conclusion de la *Jeanne d'Arc* de 1841 apparaissent de nombreux aspects du « modèle héroïque ». C'est le *contraste* entre la pureté de Jeanne et les salissures habituelles de l'action qui fascine ici Michelet. Péguy orchestrera bientôt cette conception de la sainteté militante et marquera ainsi tout le christianisme du XXᵉ siècle (E. Mounier et la revue « Esprit »).

Quelle légende plus belle que cette incontestable histoire? Mais il faut se garder bien d'en faire une légende [1]; on doit en conserver pieusement tous les traits, même les plus humains, en respecter la réalité touchante et terrible...

Que l'esprit romanesque y touche, s'il ose; la poésie ne le fera jamais. Eh! que saurait-elle ajouter?... L'idée qu'elle avait, pendant tout le moyen âge, poursuivie de légende en légende, cette idée se trouva à la fin être une personne; ce rêve, on le toucha. La

---

1. « Le cadre serait tout tracé; c'est la formule même de la vie héroïque : 1° la forêt, la *révélation;* 2° Orléans, l'*action;* 3° Reims, l'*honneur;* 4° Paris et Compiègne, la *tribulation;* la *trahison;* 5° Rouen, la *passion.* — Mais rien ne fausse plus l'histoire que d'y chercher des types complets et absolus. Quelle qu'ait été l'émotion de l'historien en écrivant cet Évangile, il s'est attaché au réel, sans jamais céder à la tentation d'idéaliser » (Michelet).

Vierge secourable des batailles que les chevaliers appelaient, attendaient d'en haut, elle fut ici-bas... En qui? c'est la merveille. Dans ce qu'on méprisait, dans ce qui semblait le plus humble, dans une enfant, dans la simple fille des campagnes, du pauvre peuple de France... Car il y eut un peuple, il y eut une France. Cette dernière figure du passé fut aussi la première du temps qui commençait. En elle apparurent à la fois la Vierge... et déjà la Patrie.

Telle est la poésie de ce grand fait, telle en est la philosophie, la haute vérité. Mais la réalité historique n'en est pas moins certaine; elle ne fut que trop positive et trop cruellement constatée... Cette vivante énigme, cette mystérieuse créature, que tous jugèrent surnaturelle, cet ange ou ce démon, qui, selon quelques-uns, devait s'envoler un matin, il se trouva que c'était une femme, une jeune fille, qu'elle n'avait point d'ailes, qu'attachée comme nous à un corps mortel elle devait souffrir, mourir, et de quelle affreuse mort!

Mais c'est justement dans cette réalité qui semble dégradante, dans cette triste épreuve de la nature, que l'idéal se retrouve et rayonne. Les contemporains eux-mêmes y reconnurent le Christ parmi les pharisiens... Toutefois, nous devons y voir encore autre chose, la Passion de la Vierge, le martyre de la pureté.

Il y a eu bien des martyrs; l'histoire en cite d'innombrables, plus ou moins purs, plus ou moins glorieux. L'orgueil a eu les siens, et la haine et l'esprit de dispute. Aucun siècle n'a manqué de martyrs batailleurs, qui sans doute mouraient de bonne grâce, quand ils n'avaient pu tuer... Ces fanatiques n'ont rien à voir ici. La sainte fille n'est point des leurs, elle eut un signe à part : bonté, charité, douceur d'âme.

Elle eut la douceur des anciens martyrs, mais avec une différence. Les premiers chrétiens ne restaient doux et purs qu'en fuyant l'action, en s'épargnant la lutte et l'épreuve du monde. Celle-ci fut douce dans la plus âpre lutte, bonne parmi les mauvais, pacifique dans la guerre même; la guerre, ce triomphe du diable, elle y porta l'esprit de Dieu.

Elle prit les armes, quand elle sut «la pitié qu'il y

avait au royaume de France ». Elle ne pouvait voir « couler le sang français ». Cette tendresse de cœur, elle l'eut pour tous les hommes ; elle pleurait après les victoires et soignait les Anglais blessés.

Pureté, douceur, bonté héroïque, que cette suprême beauté de l'âme se soit rencontrée en une fille de France, cela peut surprendre les étrangers qui n'aiment à juger notre nation que par la légèrcté de ses mœurs. Disons-leur (et sans partialité, aujourd'hui que tout cela est si loin de nous) que sous cette légèreté, parmi ses folies et ses vices même, la vieille France ne fut pas nommée sans cause le peuple très chrétien. C'était certainement le peuple de l'amour et de la grâce. Qu'on l'entende humainement ou chrétiennement, aux deux sens, cela sera toujours vrai.

Le Sauveur de la France devait être une femme. La France était femme elle-même. Elle en avait la mobilité, mais aussi l'aimable douceur, la pitié facile et charmante, l'excellence au moins du premier mouvement. Lors même qu'elle se complaisait aux vaines élégances et aux raffinements extérieurs, elle restait au fond plus près de la nature. Le Français, même vicieux, gardait plus qu'aucun autre le bon sens et le bon cœur...

Puisse la nouvelle France ne pas oublier le mot de l'ancienne : « Il n'y a que les grands cœurs qui sachent combien il y a de gloire à *être bon* [1] ! » L'être et rester tel, entre les injustices des hommes et les sévérités de la Providence, ce n'est pas seulement le don d'une heureuse nature, c'est de la force et de l'héroïsme... Garder la douceur et la bienveillance parmi tant d'aigres disputes, traverser l'expérience sans lui permettre de toucher à ce trésor intérieur, cela est divin. Ceux qui persistent et vont ainsi jusqu'au bout, sont les vrais élus. Et quand même ils auraient quelquefois heurté dans le sentier difficile du monde, parmi leurs chutes, leurs faiblesses et leurs *enfances* [2], ils n'en resteront pas moins les enfants de Dieu.

(J. Michelet, *Jeanne d'Arc* de 1841 : conclusion.)

---

1. Parole prononcée par Philoctète dans le *Télémaque* (livre XII) de Fénelon.
2. Terme que Michelet emprunte à saint François de Sales : actes ou sentiments d'enfants, enfantillage.

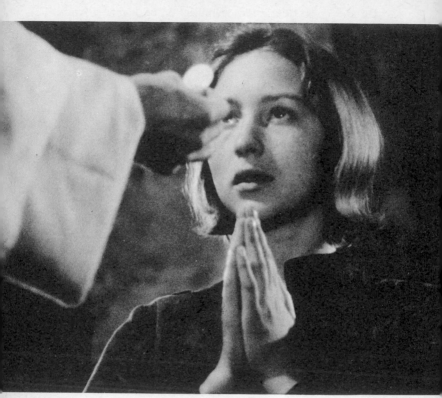

Le Procès de Jeanne d'Arc (1962)
de R. Bresson :

« ... sainte entre
tous les héros, héroïque entre toutes
les saintes... ».

(Ch. Péguy)

[L'INTERSECTION DE L'HÉROISME ET DE LA SAINTETÉ]

La *Revue hebdomadaire*, dirigée par F. Laudet, venait d'attaquer *Le Mystère de la Charité de Jeanne d'Arc*, tout récemment publié par Péguy. Celui-ci riposta par un pamphlet qui constitue une apologie de Jeanne (1911). Alors que dans presque toute son œuvre l'écrivain prête à l'héroïne lorraine des *méditations religieuses* qui nous éloignent du mythe, il souligne ici nettement ce qu'elle était pour lui, une sainte plongée dans les combats humains, le modèle des socialistes chrétiens. En elle l'héroïsme, naturellement païen, s'épanouit en sainteté, de même que chez Corneille l'héroïsme de Rodrigue s'épanouit en sainteté dans *Polyeucte (Victor-Marie comte Hugo)*.

Que si d'autre part on veut la considérer non plus à son rang de sainteté mais à son rang d'humanité, qui ne voit aussitôt qu'elle est dans cet ordre une femme unique ? Un être unique. Car si l'on veut elle est de la race des saints, et si l'on veut elle est de la race des héros. Venant de Dieu et retournant à Dieu et recevant constamment assistance de conseil de ses *voix* par tout son être elle est une sainte. Elle est de la race des saints. Mais dans cette dure humanité du xvᵉ siècle et de tous les siècles accomplissant par des moyens purement humains un tel ramassement d'exploits purement humains d'une guerre purement humaine, et toute une action purement humaine par toute son action comme extérieure, par tout son engagement corps et âme dans l'action militaire, dans toute une action de guerre, par toute sa condition, par tout son être d'action elle est un héros, elle est de la race des héros.

Or non seulement la race des héros et la race des saints n'est pas la même. Mais ce sont deux races peu ou mal apparentées. On pourrait presque dire qui ne s'aiment pas, qui n'aiment pas frayer ensemble, qui sont gênées d'être ensemble. Il y a on ne sait quoi de profond et qu'il faudrait approfondir par quoi la race des héros et la race des saints ont on ne sait quelle contrariété profonde. Il n'y a peut-être point deux races d'hommes qui soient profondément aussi étrangères l'une à l'autre, aussi éloignées l'une de l'autre, aussi contraires l'une à l'autre que la race des héros et la race des saints. On découvrirait sans doute que cette contrariété profonde ne fait que traduire, mais sous une forme, sous sa forme peut-être la plus aiguë, sous sa forme éminente, cette profonde, cette éternelle contrariété du temporel et de l'éternel.

Or Jeanne d'Arc, précisément parce qu'elle exerçait sa sainteté dans des épreuves purement humaines par des moyens purement humains, précisément parce qu'elle était demeurée entièrement vulnérable militairement, vulnérable à la maladie, vulnérable à la blessure, vulnérable à la capture, vulnérable à la mort, vulnérable à la défaite et à toute défaite, exposée en son plein comme un héros antique à toute aventure de guerre, elle est de la race des héros comme elle est de la race des saints. Et comme dans la race des saints elle est, et une sainte entre toutes les saintes et une femme entre toutes les saintes, ainsi, parallèlement ainsi dans la race des héros elle est un héros entre tous et une femme. Elle n'est pas moins éminente dans la hiérarchie héroïque que dans la hiérarchie sacrée. Et ainsi elle est à un point d'intersection unique dans l'histoire de l'humanité. En elle se joignent deux races qui ne se joignent nulle par ailleurs. Par un recoupement unique de ces deux races, par une élection, par une vocation unique dans l'histoire du monde elle est à la fois sainte entre tous les héros, héroïque entre toutes les saintes.

(Ch. Péguy, *Un nouveau théologien M. Fernand Laudet*, 1911, § 302, Gallimard.)

L'ÉPÉE DE JEANNE

Enchaînée sur son bûcher, Jeanne prend connaissance du Dessein que Dieu a eu sur sa vie. Au pied du bûcher se trouve saint Dominique (1170-1221), fondateur de l'Ordre des dominicains : cet ordre de théologiens prit une part active aux enquêtes de l'Inquisition; mais si le poète place Dominique au pied du bûcher, c'est qu'un dominicain y demeura jusqu'à la mort de la jeune fille. — Jeanne meurt au mois de mai, au printemps, au moment où la vie, qui semblait vaincue, jaillit : symbole de la mort et de la renaissance héroïques. Quant à l'épée, arme privilégiée de l'héroïsme médiéval, elle est aussi lumineuse que la *Hauteclaire* d'Olivier, mais ses rayons sont en même temps ceux de l'amour : l'héroïne, comme l'avaient déjà dit Michelet et Péguy, est aussi une sainte. Les actes héroïques mêmes sont des actes saints.

Le jour se lève.

MARGUERITE, *dans le Ciel.* — *Spira — spera — spira — spera — spira — spera* [1]!

JEANNE. — J'entends Marguerite dans le Ciel mélangée à l'exhalation des rossignols et les douces petites étoiles à la voix de cette active sœur sacristine / s'éteignant l'une après l'autre.

FRÈRE DOMINIQUE. — Les pages de nuit, de sang, d'outremer et de pourpre / se sont effeuillées / sous mes doigts / et il ne reste plus sur le parchemin virginal / qu'une initiale dorée.

JEANNE. — Que c'est beau / cette Normandie toute rouge et rose, / toute rouge / de bonheur, / toute rose d'innocence, / qui se prépare / à faire avec moi la sainte communion dans l'étincelante rosée ! Que c'est beau pour Jeanne la Pucelle de monter au Ciel au mois de mai ! / Que tu es belle, ô ma belle Normandie, mais que dirais-tu, frère Dominique, si, Marguerite et moi, nous pouvions t'expliquer notre Lorraine.

FRÈRE DOMINIQUE. — Parle, Jeanne, car je sais qu'il y a des choses qu'une petite fille peut m'expliquer, moi, qui, ceint de fer et de cuir et les yeux fermés, ai marché de bonne heure dans les sentiers de la pénitence.

JEANNE. — Et que puis-je t'expliquer, quand il y a encore au Ciel une douzaine d'étoiles au moins qui en savent plus que moi?

FRÈRE DOMINIQUE. — Explique-moi ton épée ! Est-ce vrai que tu as trouvé ton épée, cette terrible épée

---

1. *Espère - Aspire.* Ce sont aussi les dernières paroles de Tête d'Or.

devant laquelle se sauvaient Anglais et Bourguignons, dans une chapelle en ruines?

JEANNE. — Non, ce n'est pas une chapelle en ruines! C'est à Domrémy qu'on me l'a donnée. Ma bannière dans la main gauche, mon épée dans la main droite, ah! qui m'aurait résisté? / Jhésus Marie! Jhésus Marie!

MARGUERITE, *dans le Ciel.* — Jhésus Marie! Jhésus Marie! Jhésus Marie!

Levée progressive de la musique.

LES VOIX. — Jeanne! Jeanne! Jeanne! Fille de Dieu, va! va! va!

JEANNE. — Je vais! Je vais! J'irai! Je suis allée!

FRÈRE DOMINIQUE. — A qui est-ce que tu parles ainsi?

JEANNE. — Es-tu sourd?

N'entends-tu pas les voix qui disent : Jeanne! Jeanne! Jeanne! Fille de Dieu, va! va! va!

Ah! ce n'est plus / *sorcière* / maintenant qu'elles disent, c'est mon petit nom de chrétienne, celui que j'ai reçu au baptême, *Jeanne!*

Ce n'est plus *hérétique* et *relapse* / et je ne sais quoi, et tous ces vilains noms.

C'est *fille de Dieu!* C'est beau d'être la fille de Dieu!

Et ce n'est pas seulement Catherine et Marguerite, c'est tout le peuple ensemble des vivants et des morts qui dit *fille de Dieu!*

Jeanne! Jeanne! Fille de Dieu (vavava) va! va! va! Fille de Dieu! Bien sûr que j'irai!

LES VOIX, *tendrement et s'affaiblissant.* — Jeanne! Jeanne! Jeanne! Fille de Dieu!

FRÈRE DOMINIQUE. — Mais tu ne m'as pas expliqué l'épée!

JEANNE. — Mais pour que tu comprennes l'épée, frère tondu, il faudrait que tu sois une petite fille Lorraine! Je ne peux pas faire de toi une petite fille Lorraine! Je ne peux pas te prendre la main, prendre la main et t'amener avec nous pour chanter Trimazô avec Aubin et Rufine!

VOIX D'ENFANT, *au dehors.* — Trimazô!

JEANNE. — Écoute ce qu'ils disent!

Voix d'Enfant :

> En revenant de ces verts champs
> J'avons trouvé les blés si grands
> Les aubépines fleurissant.

Jeanne. — Écoute! Écoute!
Voix d'Enfant. — Trimazô!
Autres Voix :

> Belle dame de céans
> En revenant parmi les champs
> J'avons trouvé les blés si grands
> Et les avoines à l'avenant
> > Trimouzettes!
> C'est le gentil mois de mai,
> C'est le joli mois de mai!
> Un petit brin de vot' farine!
> Un petit œuf de vot' géline [1],
> C'est pas pour boire ni pour manger,
> C'est pour avoir un joli cierge
> Pour lumer la Sainte Vierge.
> > Trimouzettes!
> C'est le gentil mois de mai,
> C'est le joli mois de mai.

Jeanne. — As-tu compris, frère Dominique? Ah! moi, il n'y a pas eu besoin de Coupequesne et Toutmouillé pour me l'expliquer! C'est le tilleul devant la maison de mon père, comme un grand prédicateur en surplis blanc dans le clair de lune, qui m'a tout expliqué!

Frère Dominique. — Explique, et moi j'écoute.

Jeanne. — Quand il fait bien froid en hiver et que le froid et la gelée resserrent tout et on dirait que tout est mort et les gens sont morts de froid et il y a de la neige et la glace sur tout comme un drap et comme une cuirasse / et on croit que tout est mort / et que tout est fini.

Voix, au dehors. — Mais il y a l'espérance qui est la plus forte.

---

1. Géline : poule (terme médiéval).

JEANNE. — On croit que tout est fini / mais alors il y a un rouge-gorge qui se met à chanter. /

VOIX. — Fille de Dieu! (vavava) va! va! va!

JEANNE. — Il y a un certain petit mauvais vent venu d'on ne sait où qui se met à souffler! il y a une certaine petite pluie chaude qui se met à tomber sur vous.

LE CHŒUR. — Il y a toute la forêt qui se met en mouvement!

AUTRE CHŒUR. — Il y a l'espérance qui est la plus forte.

CHŒUR. — Fille de Dieu! va! va! va!

JEANNE. — Et alors le temps de fermer les yeux et de compter jusqu'à trois / et tout est changé! Le temps de compter jusqu'à quatre / et tout est changé!

Tout est blanc! tout est rose! tout est vert!

LE CHŒUR. — Il y a toute la forêt là-bas qui se met en mouvement!

JEANNE. — Celui qui voudrait empêcher les mirabelliers de fleurir il faudrait qu'il soit bien malin! Celui qui voudrait empêcher les cerisiers de ceriser tellement que tout est plein de belles cerises, /

Mon père dit qu'il faudrait qu'il se lève matin de bonne heure! C'est alors que Catherine et Marguerite se mettent à parler.

LE CHŒUR. — Coupequesne — Jean Midi — Malvenu — Toutmouillé — Anatole France — [1]

Ils disent que tu t'es trompée!

JEANNE *(clair et triomphal)*. — Et quand *Jeanne* au mois de Mai monte sur son cheval de bataille, / il faudrait qu'il soit bien malin celui qui empêcherait toute la France de partir. Les entends-tu ces chaînes de tous les côtés qui éclatent et qui cassent? Ah! ces chaînes que j'ai aux mains, elles me font rire! Je ne les aurai mie [2] toujours! On a vu ce que *Jeanne* peut faire avec une épée. La comprends-tu maintenant, cette épée que Saint Michel m'a donnée? Cette épée! Cette claire épée! Elle ne s'appelle pas la haine, elle s'appelle l'amour!

---

1. Les quatre premiers sont des contemporains hostiles à Jeanne. Anatole France a publié en 1908 une *Jeanne d'Arc* où il s'efforce de tout expliquer raisonnablement, comme Renau l'avait tenté dans sa *Vie de Jésus* (1863).
2. *Mie :* pas (terme médiéval).

Quelques mesures de Trimazô. — *Puis Catherine qui dit :*

Rouen ! Rouen ! Rouen !

JEANNE. — Rouen ! Rouen ! Tu as brûlé Jeanne d'Arc, mais je suis plus forte que toi / et tu ne m'auras mie toujours !

VOIX EN BAS. — Jean Midi — Coupequesne — Toutmouillé... Malvenu.

JEANNE. — Il y a l'espérance qui est la plus forte !

VOIX. — Fille de Dieu ! va ! va ! va !

JEANNE. — Il y a la foi qui est la plus forte !

LE CHŒUR. — Il y a l'espérance qui est la plus forte ! il y a la joie qui est la plus forte ! il y a l'espérance qui est la plus forte ! Fille de Dieu, va ! va ! va ! il y a la joie, il y a la joie, il y a la joie qui est la plus forte !

MARGUERITE. — *Spira — spera — spira — spera — spira — spera.*

JEANNE. — Il y a DIEU ! il y a *Dieu* qui est le plus fort !

(P. Claudel, *Jeanne au bûcher*, sc. 9, Gallimard.)

[L'APOTHÉOSE SUR LE BÛCHER]

Au prêtre qui lui demande de signer une rétractation, Jeanne oppose un inébranlable refus : elle est Antigone. Mais Dieu et les saints l'attendent, elle va *s'élancer* vers eux. Cette apothéose se déroule sur un bûcher, comme celle d'Héraklès. C'est pour Claudel le point de départ d'une célébration franciscaine du feu. Jeanne elle-même devient flamme, manifestation de ce que G. Bachelard appelle *le complexe d'Empédocle* (*La Psychanalyse du feu*, 1938) : le feu fascine, apparaît comme une source de renouvellement, comme le chemin de l'immortalité. Rien d'étonnant, dès lors, si la mort sur un bûcher couronne tant de vies de héros (voir C. M. Edsman, *Ignis divinus*, 1949) et tente aujourd'hui encore les hommes qui rêvent de régénération (suicides par le feu au Vietnam et en Tchécoslovaquie).

LE PRÊTRE. — On va t'enlever tes chaînes.

JEANNE. — Il y a d'autres chaînes, plus fortes qui me retiennent.

LE PRÊTRE. — Et quelles chaînes plus fortes?

JEANNE. — Plus fortes que les chaînes de fer, les chaînes de l'amour! C'est l'amour qui me lie les mains et qui m'empêche de signer. C'est la vérité qui me lie les mains et qui m'empêche de signer.

Je ne peux pas! Je ne peux pas mentir.

LA VIERGE. — Jeanne, Jeanne, confie-toi donc au feu qui te délivrera.

LE CHŒUR. — Loué soit notre frère le feu qui est pur...

VOIX, *saccadées, partant de tous les côtés*. — Ardent — Vivant — Pénétrant — Acéré — Invincible — Irrésistible — Incorruptible.

LE CHŒUR. — Loué soit / notre frère le feu / qui est puissant à rendre l'esprit et cendre — cendre — cendre, / ce qui est cendre à la terre.

JEANNE. — Mère! Mère au-dessus de moi! Ha! j'ai peur du feu qui fait mal!

LA VIERGE. — Tu dis que tu as peur du feu et déjà tu l'as foulé aux pieds.

JEANNE. — Cette grande flamme, / cette grande flamme / horrible / c'est cela / qui va être mon vêtement de noces?

LA VIERGE. — Mais est-ce que Jeanne n'est pas une grande flamme elle-même? Ce corps de mort / est-ce qu'il sera toujours / puissant à retenir ma fille Jeanne?

LE CHŒUR. — Jeanne / au-dessus de Jeanne / Flamme au-dessus de la flamme!

LE CHŒUR. — Louée soit / notre sœur la flamme / qui est pure — forte — vivante — acérée — éloquente — invincible — irrésistible —! Louée soit / notre sœur la flamme / qui est vivante!

LA VIERGE. — Le Feu, / est-ce qu'il ne faut pas qu'il brûle! Cette grande flamme / au milieu de la France, / est-ce qu'il ne faut pas, / est-ce qu'il ne faut pas / qu'elle brûle?

LE CHŒUR. — Louée soit / notre sœur Jeanne / qui est Sainte — Droite — Vivante — Ardente — Éloquente — Dévorante — Invincible — Éblouissante —!

Louée soit / notre sœur Jeanne / qui est debout / pour toujours comme une flamme / au milieu de la France !

Voix dans le ciel. — Jeanne ! Jeanne ! Jeanne ! Fille de Dieu ! Viens ! Viens ! Viens ! *(tendrement)*

Jeanne. — Ce sont ces chaînes encore qui me retiennent !

Voix. — Il y a la joie qui est la plus forte ! Il y a l'amour qui est le plus fort ! Il y a Dieu qui est le plus fort !

Jeanne. — Je viens ! je viens ! j'ai cassé ! j'ai rompu ! Il y a la joie qui est la plus forte !

Elle rompt ses chaînes.

(P. Claudel, *Jeanne au bûcher*, sc. 11, Gallimard.)

● CHAPITRE VIII

INTRODUCTION AU XXᵉ SIÈCLE

Plus encore peut-être que son prédécesseur, le XXᵉ siècle est un siècle du héros. Non qu'il faille chercher quelque force dans les reprises de mythes antiques pratiquées par un Gide, un Cocteau, un Giraudoux ou un Anouilh. Mais le géant Claudel poursuit son œuvre. D'autres écrivains exaltent la grandeur humaine : Romain Rolland (1866-1944), André Malraux (1901-1976), Drieu la Rochelle (1893-1945), Saint-Exupéry (1900-1944), Saint-John Perse (1887-1975)... sans parler de l' « héroïsme truqué » (P.-H. Simon, *Procès du héros,* Paris, 1950) de Montherlant (1896-1972). Aux confins de la théologie, de la science et de l'épopée, Teilhard de Chardin (1881-1955) voit dans le Christ le Héros animateur de la geste grandiose de l'Évolution.

Le roman policier jouit d'une immense faveur : collections « Le Masque » (créée en 1927), « Le Fleuve noir » (créée en 1948), « La Série noire » (créée en 1945). Le roman d'espionnage et le roman·d'anticipation voient le jour et se développent rapidement. Ces trois « types » de récit se retrouvent dans d'innombrables œuvres cinématographiques.

Car le cinéma est né. D'emblée il joue sur le « modèle héroïque », en particulier par le western, dont le succès va

croissant. Mais bientôt aussi par le film d'aventure (*Tarzan*...),
le peplum (film d'aventures mythologiques), les films de
guerre, les adaptations d'œuvres épiques. Certains réalisateurs
se meuvent naturellement dans l'épopée : A. Gance (né en
1889; *Napoléon*, 1927), S. Eisenstein (1898-1948; *Le Cuirassé
Potemkine*, 1925; *Alexandre Nevsky*, 1939, J. Ford (né en
1895), H. Hawks (né en 1896), F. Lang (né en 1890), O. Welles
(né en 1915)...

L'essor du cinéma, de la télévision, de l'affiche, des romans-
photos, des bandes dessinées... manifeste qu'à une civilisation
dominée par le Livre en succède une nouvelle, où le Livre
doit composer avec l'Image, et risque même de reculer devant
elle. Comme le note le philosophe G. Durand (*L'Imagination
symbolique*, Paris, P.U.F., 1968), après des siècles d'assauts
rationalistes et positivistes, l'Image se porte à merveille et
se révèle vigoureusement conquérante. Il est donc naturel
que la rêverie héroïque se manifeste partout, puisqu'elle
constitue l'une des lignes de plus grande pente de l'Imagination.

Dans la littérature populaire domine le héros traditionnel,
batailleur et séducteur : « Du sang, de la volupté, de la
mort! » Mais on y rencontre aussi le héros-savant ou le
bandit-savant (auquel sa dernière découverte confère la puissance de détruire le monde), le héros-cosmonaute (préparation
initiatique, longue et dure, avant la grande « épreuve »,
rêve d'Icare, mythe de Prométhée, Ascension).

L'époque contemporaine est témoin d'une stupéfiante
résurgence du Héros politique. A l'étranger, Hitler et Musso-
lini ont consciemment frappé l'imagination de l'héroïsme.
La France, elle, n'a guère cessé de reprendre le mythe du
Sauveur : après Jeanne d'Arc, Henri IV, Louis XIII, Louis XIV,
Louis XV, Bonaparte, Napoléon III, Thiers..., ont été célébrés Poincaré, Clemenceau et surtout de Gaulle. La France
allait à « l'abîme », au « chaos », quand le destin (ou Dieu)
a suscité un être miraculeux, en lequel le Peuple s'est reconnu.
Presque aussitôt l'impossible se réalise, les maléfices sont
conjurés, les monstres (« les partis de jadis ») muselés, et la
France recommence à rayonner sur le monde. Exemplaire
fut à cet égard le personnage gaullien, incarnant la légitimité
nationale depuis 1940. En lui se retrouvait aussi la figure
légendaire du Vieux Romain, qui, après d'éclatants services
rendus à la République, rentrait dans sa ferme et reprenait

sa charrue, en attendant que peut-être une délégation du Sénat vînt le supplier de parer à un nouveau danger de la Patrie.

Le sport a ses héros (les champions), avec une période d'initiation (l'entraînement), des exploits individuels et collectifs (records, matches), des défis, des combats singuliers... Spontanément les chroniqueurs sportifs retrouvent le ton et les procédés de l'épopée : vocabulaire de l'excellence, épithètes « homériques » (Albaladejo, « l'homme aux pieds d'or », hurla un jour Roger Couderc, exalté par les prouesses d'un buteur, lors d'un match international de rugby à XV).

Du haut en bas de l'échelle sociale, l'homme continue donc à désirer la domination, à rêver d'excellence et d'éclat. Mais jamais cette rêverie n'avait encore pu disposer d'une pareille abondance de livres, de récits et d'images. Dans notre civilisation, la mort du désir d'être Dieu n'a pas suivi « la mort de Dieu ».

● **Jean-Christophe ou le héros-musicien**

L'œuvre la plus connue de Romain Rolland (1866-1944) est sans aucun doute son grand roman, *Jean-Christophe*, publié de 1903 à 1912 (10 volumes). C'est la puissance des héros que l'auteur veut nous communiquer. Jean-Christophe, c'est « Beethoven dans le monde d'aujourd'hui » (1917), Beethoven, auquel Romain Rolland avait consacré en 1903 une étude enthousiaste et que sa vie et sa musique (*La Symphonie héroïque*, etc.) prédestinaient à devenir le type du héros-musicien. Mon roman, notait encore en 1917 Romain Rolland, « c'est le monde vu du cœur d'un héros comme centre ».

Et en effet le créateur retrouve comme d'instinct la structure et les caractéristiques du mythe héroïque : progression linéaire d'une vie faite de contrastes; thèmes de la naissance, de la renaissance, de la marche à l'immortalité; images solaires (*L'Aube*, *Le Matin* : tels sont les titres des deux premiers volumes); présages annonçant une vie surhumaine; rapports avec l'univers féminin : la femme comme menace pour la création (Anna, dans *Le Buisson Ardent*...), avant de devenir la réconciliatrice

(Grazia, dans les dernières pages du roman); difficulté de l'insertion du héros dans le monde (l'Allemagne, Paris...); compagnonnage héroïque (Olivier).

La source de l'héroïsme, ici, n'est plus la guerre, c'est la création musicale, imaginée à travers Beethoven. Cela explique la disparition du bestiaire propre aux formes traditionnelles du « modèle » (lion, aigle, dragon, hydre...). A sa place règnent les images de *l'orage* (d'après certaines partitions de Beethoven) et plus généralement de *l'eau*, métaphore courante dans l'univers de la musique. Le héros reprend des forces au contact de l'univers maternel, et le symbolisme des saisons occupe dans le roman une place exceptionnelle.

[LES PRÉSAGES]

Voici la dernière page de *L'Aube*, premier volume du roman. Jean-Christophe Krafft (en allemand, die Kraft = la Force, la Puissance), né dans une modeste famille de musiciens, au bord du Rhin (symbole de sa propre vie, de sa musique) se révèle très tôt comme un musicien prodige, est présenté à la cour dès l'âge de sept ans. Ici *s'annonce* la grandeur future du héros.

Son sommeil était saccadé. Il avait de brusques détentes nerveuses, comme des décharges électriques, qui lui secouaient le corps. Une musique sauvage le poursuivait en rêve. Dans la nuit, il s'éveilla. L'ouverture de Beethoven entendue au concert grondait à son oreille. Elle remplissait la chambre de son souffle haletant. Il se souleva sur son lit et se frotta les yeux, se demandant s'il dormait... Non, il ne dormait pas. Il la reconnaissait. Il reconnaissait ces hurlements de colère, ces aboiements enragés, il entendait les battements de ce cœur forcené qui saute dans la poitrine, ce sang tumultueux, il sentait sur sa face ces coups de vent frénétiques, qui cinglent et qui broient, et qui s'arrêtent soudain, brisés par une volonté d'Hercule. Cette âme gigantesque entrait en lui, distendait ses membres et son âme, et leur donnait des proportions colossales. Il marchait sur le monde. Il était une montagne, des orages soufflaient en lui. Des orages de

fureur ! Des orages de douleur !... Ah ! quelle douleur !...
Mais cela ne faisait rien ! Il se sentait si fort !...
Souffrir ! souffrir encore !... Ah ! que c'est bon d'être
fort ! Que c'est bon de souffrir, quand on est fort !...

Il rit. Son rire résonna dans le silence de la nuit.
Son père se réveilla, et cria :

— Qui est là ?

La mère chuchota :

— Chut ! c'est l'enfant qui rêve !

Ils se turent tous trois. Tout se tut autour d'eux. La
musique disparut. Et l'on n'entendit plus que le souffle
égal des êtres endormis dans la chambre, compagnons
de misère, attachés côte à côte sur la barque fragile,
qu'une force vertigineuse emporte dans la Nuit.

[L'IRRUPTION DU DIVIN]

Christophe est devenu musicien officiel de la petite
cour princière. Il a perdu toute foi religieuse et sombre
dans le pessimisme. Comme Romain Rolland lui-même,
qui connut des « illuminations » à la découverte de
Spinoza ou de Tolstoï, le jeune homme découvre ici que
« Dieu était en lui » *(L'Adolescent)*.

Il s'absorbait, ce soir-là, dans une torpeur épuisante.
Tout dormait dans la maison. Sa fenêtre était ouverte.
Pas un souffle ne venait de la cour. D'épais nuages
étouffaient le ciel. Christophe regardait, comme un
hébété, la bougie se consumer au fond du chandelier.
Il ne pouvait se coucher. Il ne pensait à rien. Il sentait
ce néant se creuser d'instant en instant. Il s'efforçait
de ne pas voir l'abîme qui l'aspirait ; et, malgré lui,
il se penchait au bord. Dans le vide, le chaos se
mouvait, les ténèbres grouillaient. Une angoisse le
pénétrait, son dos frissonnait, sa peau se hérissait, il se
cramponnait à la table, afin de ne pas tomber. Il était
dans l'attente convulsive de choses indicibles, d'un
miracle, d'un Dieu...

Soudain, comme une écluse qui s'ouvre, dans la
.cour, derrière lui, un déluge d'eau, une pluie lourde,
large, droite, croula. L'air immobile tressaillit. Le sol

sec et durci sonna comme une cloche. Et l'énorme parfum de la terre brûlante et chaude ainsi qu'une bête, l'odeur de fleurs, de fruits et de chair amoureuse, monta dans un spasme de fureur et de plaisir. Christophe, halluciné, tendu de tout son être, frémit dans ses entrailles... Le voile se déchira. Ce fut un éblouissement. A la lueur de l'éclair, il vit, au fond de la nuit, il vit — il fut le Dieu. Le Dieu était en lui : il brisait le plafond de la chambre, les murs de la maison; il faisait craquer les limites de l'être; il remplissait le ciel, l'univers, le néant. Le monde se ruait en Lui, comme une cataracte. Dans l'horreur et l'extase de cet effondrement, Christophe tombait aussi, emporté par le tourbillon qui broyait comme des pailles les lois de la nature. Il avait perdu le souffle, il était ivre de cette chute en Dieu... Dieu-abîme! Dieu-gouffre, Brasier de l'Être! Ouragan de la vie! Folie de vivre, — sans but, sans frein, sans raison — pour la fureur de vivre!

[COMPAGNONS DE CRÉATION]

L'audace de ses idées a contraint Christophe à quitter l'Allemagne *(La Révolte)*. A Paris, il fait la connaissance d'Olivier Jeannin, et tous deux deviennent inséparables. Le compagnonnage guerrier a fait place à l'union dans la création *(Dans la maison)*.

Christophe s'était rejeté dans la création, avec un entrain décuplé. Il y entraînait avec lui Olivier. Ils s'étaient mis à composer ensemble, par réaction contre les pensées sombres, une épopée rabelaisienne. Elle était empreinte de ce robuste matérialisme, qui suit les périodes de compression morale. Aux héros légendaires, — Gargantua, frère Jean, Panurge, — Olivier avait ajouté, sous l'inspiration de Christophe, un personnage nouveau, le paysan Patience, naïf, madré, rusé, rossé, volé, se laissant faire, — sa femme baisée, ses champs pillés, se laissant faire, — jamais lassé de cultiver sa terre, — forcé d'aller en guerre, recevant tous les coups, se laissant faire, — attendant, s'amusant des exploits de ses maîtres, des coups qu'il endossait, se disant : « Cela ne durera point toujours », prévoyant la culbute finale, la guettant du coin de l'œil, et d'avance déjà riant de sa grande bouche muette. Un beau jour, en effet, Gargantua et frère Jean, en croisade, faisaient le plongeon. Patience les regrettait bonnement, se consolait gaiement, sauvait Panurge qui se noyait, et disait : « Je sais bien que tu me joueras encore des tours; mais je ne puis me passer de toi : tu soulages ma rate, tu me fais du bon sang. »

Sur ce poème, Christophe composait des tableaux symphoniques avec chœurs, des batailles héroï-comiques, des kermesses effrénées, des bouffonneries vocales, des madrigaux à la Jannequin, d'une joie énorme et enfantine, une tempête sur la mer, l'Ile sonnante et ses cloches, et, pour finir, une symphonie pastorale, pleine de l'air des prairies, de l'allégresse des flûtes sereines et des hautbois, et de chants populaires. — Les deux amis travaillaient dans la jubilation. Le maigriot Olivier, aux joues pâles, prenait un bain de force. A travers leur mansarde, des trombes de joie passaient... Créer avec son cœur et le cœur de son ami ! L'étreinte de deux amants n'est pas plus douce et plus ardente que cet accouplement de deux âmes amies. Elles avaient fini par se fondre si bien qu'il leur arrivait d'avoir les mêmes éclairs de pensée, à la fois. Ou bien Christophe écrivait la musique d'une scène, dont Olivier trouvait ensuite les paroles. Il l'emportait dans son sillage impétueux. Son esprit couvrait l'autre, et le fécondait.

[NOUVELLE NAISSANCE]

Pris dans une manifestation populaire, un 1er mai, Olivier est tué; Christophe, devenu suspect, gagne la Suisse et se réfugie chez un ami, le docteur Braun. Entre la femme du médecin, Anna, et lui s'établit une liaison passionnée qui les brise tous les deux. Christophe s'enfuit, croit devenir fou, a perdu la faculté de créer. Alors que le héros semble mort, la vie va faire irruption. Le retour symbolique du fœhn, le vent du printemps, annonce la naissance d'une âme nouvelle *(Le Buisson ardent)*.

Et Christophe entendit, comme un murmure de source, le chant de la vie qui remontait en lui. Penché sur le bord de sa fenêtre, il vit la forêt, morte hier, qui dans le vent et le soleil bouillonnait soulevée comme la mer. Sur l'échine des arbres, des vagues de vent, frissons de joie, passaient; et les branches ployées tendaient leurs bras d'extase vers le ciel éclatant. Et le torrent sonnait comme un rire de cloche. Le même paysage, hier dans le tombeau, était ressuscité; la vie venait d'y rentrer en même temps que l'amour dans le cœur de Christophe. Miracle de l'âme que la grâce a touchée! Elle se réveille à la vie! Et tout revit autour d'elle. Le cœur se remet à battre. Les fontaines taries recommencent à couler.

Et Christophe rentra dans la bataille divine... Comme ses propres combats, comme les combats des hommes se perdent au milieu de cette mêlée gigantesque, où pleuvent les soleils comme des flocons de neige que l'ouragan balaie!... Il avait dépouillé son âme. Ainsi que dans ces rêves suspendus dans l'espace, il planait au-dessus de lui-même, il se voyait d'en haut dans l'ensemble des choses; et, d'un regard, lui apparut le sens de ses souffrances. Ses luttes faisaient partie du grand combat des mondes. Sa déroute était un épisode, aussitôt réparé. Il combattait pour tous, tous combattaient pour lui. Ils partageaient ses peines, il partageait leur gloire.

— « Compagnons, ennemis, marchez, piétinez-moi, que je sente sur mon corps passer les roues des canons qui vaincront! Je ne pense pas au fer qui me laboure la chair, je ne pense pas au pied qui me foule la tête, je pense à mon Vengeur, au Maître, au Chef de l'innombrable armée. Mon Sang est le ciment de sa victoire future... »

Dieu n'était pas pour lui le Créateur impassible, le Néron qui contemple, du haut de sa tour d'airain, l'incendie de la Ville que lui-même alluma. Dieu souffre. Dieu combat. Avec ceux qui combattent et pour tous ceux qui souffrent. Car il est la Vie, la goutte de lumière qui, tombée dans la nuit, s'étend et boit la nuit. Mais la nuit est sans bornes, et le combat divin ne s'arrête jamais; et nul ne peut savoir quelle

Beethoven, par Bourdelle :
« Quand j'écoute en moi, j'entends
la grande symphonie. »

en sera l'issue. Symphonie héroïque, où les disso-
nances même qui se heurtent et se mêlent forment
un concert serein ! Comme la forêt de hêtres qui livre
dans le silence des combats furieux, ainsi la Vie
guerroie dans l'éternelle paix.

Ces combats, cette paix, résonnaient dans Christophe. Il était un coquillage où l'océan bruit. Des
appels de trompettes, des rafales de sons, des cris
d'épopées passaient sur l'envolée de rythmes souverains. Car tout se muait en sons dans cette âme
sonore. Elle chantait la lumière. Elle chantait la nuit.
Et la vie. Et la mort. Pour ceux qui étaient vainqueurs.
Pour lui-même, vaincu. Elle chantait. Tout chantait.
Elle n'était plus que chant.

Comme les pluies de printemps, les torrents de
musique s'engouffraient dans ce sol crevassé par
l'hiver. Hontes, chagrins, amertumes, révélaient à
présent leur mystérieuse mission : elles avaient décom-
posé la terre, et elles l'avaient fertilisée ; le soc de la
douleur, en déchirant le cœur, avait ouvert de nouvelles sources de vie. La lande refleurissait. Mais ce
n'était plus les fleurs de l'autre printemps. Une autre
âme était née.

[LA FEMME QUI EST LA GRACE]

> Dans une fureur de création, Christophe a fait fruc-
> tifier son génie. Il connaît la gloire dans le monde entier.
> C'est alors qu'il retrouve *Grazia*, qu'il avait connue tout
> enfant à Paris *(La Foire sur la place)*, puis entrevue
> jeune femme *(Les Amies)*. Elle est veuve, il se prend pour
> elle d'un amour profond et serein : une grande intimité
> s'établit entre elle et le vieil homme. Puis, après Grazia,
> Christophe voit approcher la mort *(La Nouvelle jour-
> née)*.

Comme une succession d'étages, il embrassait
l'ensemble de sa vie... L'immense effort de sa jeunesse
pour prendre possession de soi, les luttes acharnées
pour conquérir sur les autres le simple droit de vivre,
pour se conquérir sur les démons de sa race. Même
après la victoire, l'obligation de veiller, sans trêve,

sur sa conquête, afin de la défendre contre la victoire même. La douceur, les épreuves de l'amitié, qui rouvre au cœur isolé par la lutte la grande famille humaine. La plénitude de l'art, le zénith de la vie. Régner orgueilleusement sur son esprit conquis. Se croire souverain de son destin. Et soudain rencontrer, au détour du chemin, les cavaliers de l'Apocalypse [1], le Deuil, la Passion, la Honte, l'avant-garde du Maître. Renversé, piétiné par les sabots des chevaux, se traîner tout sanglant jusqu'aux sommets où flambe, au milieu des nuées, le feu sauvage qui purifie. Se trouver face à face avec Dieu. Lutter ensemble, comme Jacob avec l'ange [2]. Sortir du combat brisé. Adorer sa défaite, comprendre ses limites, s'efforcer d'accomplir la volonté du Maître, dans le domaine qu'il nous a assigné. Afin, quand les labours, les semailles, la moisson, quand le dur et beau labeur sera achevé, d'avoir gagné le droit de se reposer au pied des monts ensoleillés et de leur dire :

— « Bénis vous êtes ! Je ne goûterai pas votre lumière. Mais votre ombre m'est douce... »

Alors, la bien-aimée lui était apparue ; elle l'avait pris par la main ; et la mort, en brisant les barrières de son corps, avait, dans l'âme de l'ami, fait couler l'âme de l'amie. Ensemble, ils étaient sortis de l'ombre des jours, et ils avaient atteint les bienheureux sommets, où, comme les trois Grâces, en une noble ronde, le passé, le présent, l'avenir se tiennent par la main, où le cœur apaisé regarde à la fois naître et finir les chagrins et les joies, où tout est Harmonie...

[L'APOTHÉOSE]

Christophe signifie *Porte-Christ*. Le romancier recourt à une confusion volontaire entre l'histoire de son héros et celle du géant Christophe, qui, selon la légende, était passeur, et dut une nuit transporter sur l'autre rive un enfant qui pesait de plus en plus lourd à mesure que le passeur avançait et qui n'était autre que l'enfant Jésus.

---

1. Cavaliers chargés par Dieu de châtier le monde criminel (*Apocalypse*, VI).
2. *Genèse*, XXXII, 23-33.

> La parole finale explique le titre du dernier volume, *La Nouvelle Journée*. Le soleil va renaître pour toujours. C'est la dernière page du roman!

Saint Christophe a traversé le fleuve. Toute la nuit, il a marché contre le courant. Comme un rocher, son corps aux membres athlétiques émerge au-dessus des eaux. Sur son épaule gauche est l'Enfant, frêle et lourd. Saint Christophe s'appuie sur un pin arraché, qui ploie. Son échine aussi ploie. Ceux qui l'ont vu partir ont dit qu'il n'arriverait point. Et l'ont suivi longtemps leurs railleries et leurs rires. Puis, la nuit est tombée, et ils se sont lassés. A présent, Christophe est trop loin pour que les cris l'atteignent de ceux restés là-bas. Dans le bruit du torrent, il n'entend que la voix tranquille de l'Enfant, qui tient de son petit poing une mèche crépue sur le front du géant, et qui répète : « Marche! » — Il marche, le dos courbé, les yeux droit devant lui, fixés sur la rive obscure, dont les escarpements commencent à blanchir.

Soudain, l'angélus tinte, et le troupeau des cloches s'éveille en bondissant. Voici l'aurore nouvelle! Derrière la falaise, qui dresse sa noire façade, le soleil invisible monte dans un ciel d'or. Christophe, près de tomber, touche enfin à la rive. Et il dit à l'Enfant :

— Nous voici arrivés! Comme tu étais lourd! Enfant, qui donc es-tu?

Et l'Enfant dit :

— Je suis le jour qui va naître.

(Romain-Rolland, *Jean-Christophe*, Albin Michel.)

● La poésie héroïque de Saint-John Perse

> Alexis Saint-Léger Léger est né aux Antilles (La Guadeloupe) en 1887. Dès 1911, a paru son premier recueil *Éloges* (qu'il enrichira en 1925 et en 1948). Les suivants paraîtront sous le pseudonyme de Saint-John Perse : *Anabase*, composé pendant le séjour en Extrême-Orient (1916-1921) et publié en 1924; *Amitié du Prince* (1924). Perse, opposé au gouvernement de Vichy, s'exile en 1940 aux États-Unis, où il poursuivra son œuvre poétique : *Exil* (1942, recueil publié en 1944 avec *Pluies*, *Neiges*

et *Poème à l'Étrangère*), *Vents* (1946), *Amers* (1957), *Chronique* (1960). En 1960, le poète se voit décerner pour son œuvre le prix Nobel de Littérature.

Comme l'a montré Jean-Pierre Richard dans un essai remarquable (*Onze études sur la poésie moderne*, 1964, p. 31-66), la poésie de Perse est dominée par une tension entre l'attrait des réalités maternelles et l'appel à la liberté conquérante. L'être jaillissant est menacé par les sortilèges du nid : la mollesse, la moiteur, la langueur... La femme opulente, la ville symbolisent l'oubli des lointains, l'engluement dans les lentes fidélités quotidiennes et dans la tendresse charnelle (souvent représentés par le Sud). Il s'agit donc de ne pas s'assoupir dans ces « *pays infestés de bien-être* », à « *l'étable du bonheur* », de ne pas devenir de ces « *hommes de venelles et d'impasses* » qui laissent mourir leur agitation de grands fauves, leur « *âme numide* ».

Il faut franchir le « *Seuil* », quitter le toit pour la tente, la femme pour les chevaux, la vallée pour le haut-plateau et le désert, l'âtre pour la mer, et s'élancer vers le pays de la liberté et du mystère, l'Ouest : « *Voici la chose vaste en Ouest et sa fraîcheur d'abîme sur nos faces.* » Les pluies, les neiges et les vents exerceront leur action purifiante et régénératrice. Délivré des lourdes rêveries de la courbe, le poète-conquérant célèbre l'acuité, qu'il s'agisse des formes (rocs, falaises, armes, hommes élancés, sveltes amazones), des saveurs (le sel, les substances amères), des manifestations élémentaires (l'éclair), des saisons (l'hiver). Cette acuité « correspond » à la mobilité de l'errance, au refus de la corruption, au tranchant de l'âme réveillée, qui possède du glaive la fulgurance et la rectitude.

La longue chevauchée vers l'Ouest est jalonnée par les vestiges royaux de l'homme (« *grandes meules de porphyre... sur le sable* », « *arches solitaires* », « *ruines saintes* »), qui se dressent comme un défi à l'anéantissement, à l'évanescence cosmique. Si le poète énumère le monde pour le consacrer, il évoque aussi une civilisation étrange, où toutes les cultures se rencontrent, une époque où les chronologies sont de brume et les continents imprécis. Contrairement à celle d'un Péguy ou d'un Valéry, cette poésie s'est ouverte aux grandes invasions barbares, au déferlement de toutes les richesses qu'un Malraux tente d'inventorier dans ses Musées imaginaires.

La hauteur d'une telle vision, qui embrasse l'Univers et l'Histoire, s'exprime en versets dont l'ampleur fait songer à Claudel. Perse aime les cadences majestueuses et les échos de sonorités et de sens. Si l'opulence parnassienne reparaît par moments dans le clair-obscur des symboles, la solennité liturgique du poème, à mi-chemin de l'ode et de l'épopée, caractérise un écrivain qui eût voulu donner pour titre à toute son œuvre *Éloges*.

[« O SAISISSEUR DE GLAIVES A L'AURORE »]

Saint-John Perse célèbre ici le puissant, l'insatiable désir d'être dieu qui se trouve à l'origine de la rêverie héroïque. Nombreuses sont ici les images qui rappellent les épopées et les mythes de héros : l'errance, la chevauchée sauvage, l'affrontement du monstre, l'aigle, le glaive, les minces amazones...

« ... Toujours il y eut cette clameur, toujours il y eut cette splendeur,

Et comme un haut fait d'armes en marche par le monde, comme un dénombrement de peuples en exode, comme une fondation d'empires par tumulte prétorien, ha ! comme un gonflement de lèvres sur la naissance des grands Livres,

Cette grande chose sourde par le monde et qui s'accroît soudain comme une ébriété.

« ... Toujours il y eut cette clameur, toujours il y eut cette grandeur.

Cette chose errante par le monde, cette haute transe par le monde, et sur toutes grèves de ce monde, du même souffle proférée, la même vague proférant.

Une seule et longue phrase sans césure à jamais inintelligible...

« ... Toujours il y eut cette clameur, toujours il y eut cette fureur,

Et ce très haut ressac au comble de l'accès, toujours, au faîte du désir, la même mouette sur son aile, la même mouette sur son aire, à tire-d'aile ralliant les stances de l'exil, et sur toutes grèves de ce monde, du même souffle proférée, la même plainte sans mesure.

A la poursuite, sur les sables, de mon âme numide... »

Je vous connais, ô monstre ! Nous voici de nouveau face à face. Nous reprenons ce long débat où nous l'avions laissé.

Et vous pouvez pousser vos arguments comme des mufles bas sur l'eau : je ne vous laisserai point de pause ni répit.

Sur trop de grèves visitées furent mes pas lavés avant le jour, sur trop de couches désertées fut mon âme livrée au cancer du silence.

Que voulez-vous encore de moi, ô souffle originel ? Et vous, que pensez-vous encore tirer de ma lèvre-vivante,

O force errante sur mon seuil, ô Mendiante dans nos voies et sur les traces du Prodigue ?

Le vent nous conte sa vieillesse, le vent nous conte sa jeunesse... Honore, ô Prince, ton exil !

Et soudain tout m'est force et présence, où fume encore le thème du néant.

« ... Plus haute, chaque nuit, cette clameur muette sur mon seuil, plus haute, chaque nuit, cette levée de siècles sous l'écaille,

Et, sur toutes grèves de ce monde, un ïambe plus farouche à nourrir de mon être !...

Tant de hauteur n'épuisera la rive accore de ton seuil, ô Saisisseur de glaives à l'aurore,

O Manieur d'aigles par leurs angles, et Nourrisseur des filles les plus aigres sous la plume de fer !

Toute chose à naître s'horripile à l'orient du monde, toute chair naissante exulte aux premiers feux du jour !

Et voici qu'il s'élève une rumeur plus vaste par le monde, comme une insurrection de l'âme...

Tu ne tairas point, clameur ! que je n'aie dépouillé sur les sables toute allégeance humaine. (Qui sait encore le lieu de ma naissance ?) »

[« LE GRAND PAS SOUVERAIN DE L'AME SANS TANIÈRE »]

Le poête, âgé, voit approcher le grand Seuil (« l'issue »). A la tentation du blottissement il oppose l'appel de l'héroïsme : presque toutes les images révèlent cette tension, et certaines nous renvoient au mythe héroïque : cavalier, glaive, fauve...

... Grand âge, nous voici — et nos pas d'hommes vers l'issue. C'est assez d'engranger, il est temps d'éventer et d'honorer notre aire.

Demain, les grands orages maraudeurs, et l'éclair au travail... Le caducée du ciel descend marquer la terre de son chiffre. L'alliance est fondée.

Ah ! qu'une élite aussi se lève, de très grands arbres sur la terre, comme tribu de grandes âmes et qui nous tiennent en leur conseil... Et la sévérité du soir descende, avec l'aveu de sa douceur, sur les chemins de pierre brûlante éclairés de lavande...

Frémissement alors, à la plus haute tige engluée d'ambre, de la plus haute feuille mi-déliée sur son onglet d'ivoire.

Et nos actes s'éloignent dans leurs vergers d'éclairs...

A d'autres d'édifier, parmi les schistes et les laves. A d'autres de lever les marbres à la ville.

Pour nous chante déjà plus hautaine aventure. Route frayée de main nouvelle, et feux portés de cime en cime...

Et ce ne sont point là chansons de toile pour gynécée, ni chansons de veillée, dites chansons de Reine de Hongrie, pour égrener le maïs rouge au fil rouillé des vieilles rapières de famille,

Mais chant plus grave, et d'autre glaive, comme chant d'honneur et de grand âge, et chant du Maître, seul au soir, à se frayer sa route devant l'âtre.

Fierté de l'âme devant l'âme et fierté d'âme grandissante dans l'épée grande et bleue.

Et nos pensées déjà se lèvent dans la nuit comme les hommes de grande tente, avant le jour, qui marchent au ciel rouge portant leur selle sur l'épaule gauche.

Voici les lieux que nous laissons. Les fruits du sol sont sous nos murs, les eaux du ciel dans nos citernes, et les grandes meules de porphyre reposent sur le sable.

L'offrande, ô nuit, où la porter? et la louange, la fier?... Nous élevons à bout de bras, sur le plat de nos mains, comme couvée d'ailes naissantes, ce cœur enténébré de l'homme où fut l'avide, et fut l'ardent, et tant d'amour irrévélé...

Écoute, ô nuit, dans les préaux déserts et sous les arches solitaires, parmi les ruines saintes et l'émiettement des vieilles termitières, le grand pas souverain de l'âme sans tanière,

Comme aux dalles de bronze où rôderait un fauve.

Grand âge, nous voici. Prenez mesure du cœur d'homme. »

Septembre 1959

(*Chronique*, 8, Gallimard.)

— La tension entre intimité et essor anime toute la poésie de Saint-John Perse : relevez les termes, les images qui évoquent chacun de ces deux appels.
— Comment est suggérée l'image de la marche solennelle (les romantiques parlaient de la caravane humaine)?

— Quel rôle jouent le cadre, les éléments (purification, appel du large, initiation...)?

— Mettez en relief la rêverie de *l'acuité*. Que symbolise « *l'épée grande et bleue* »?

— Comment le poète imagine-t-il l'âme humaine? Montrez que son stoïcisme est vivifié par la rêverie héroïque.

— Habituellement les conquérants de Saint-John Perse marchent vers l'Ouest. Pourquoi l'homme nomade avançant vers le Royaume de la mort se dirige-t-il vers l'Est? (Ce détail ne nous aide-t-il pas à nous représenter comment la mort apparaît au poète?)

QUELQUES SUJETS DE RÉFLEXION

- *Horace* et l'héroïsme (Corneille).

- Héroïsme et sainteté d'après *Polyeucte* (Corneille).

- La rêverie héroïque dans l'*Oraison funèbre d'Henriette de France* et l'*Oraison funèbre de Condé*, de Bossuet.

- La glorification de Louis XIV dans les arts et les lettres.

- La Rochefoucauld et la démolition du héros.

- La rêverie héroïque chez Chateaubriand *(René, Les Martyrs)*.

- Le personnage de Vautrin dans l'œuvre de Balzac.

- Le héros chez Barbey d'Aurevilly, d'après *L'Ensorcelée, Le Chevalier des Touches* ou *Les Diaboliques*.

- Le combat de la lumière et des ténèbres dans *Les Contemplations* ou *La Légende des Siècles*, de V. Hugo.

- Le bestiaire héroïque et *Les Chants de Maldoror* de Lautréamont.

- Héroïsme et solitude dans *La Condition humaine*, de Malraux.

- La jeune fille dans le théâtre d'Anouilh *(La Sauvage, Antigone, La Répétition)*.

● Le mythe du Sauveur en France : étude des discours du général de Gaulle (18 juin 1940-mars 1969). Voir J.-M. Cotteret et R. Moreau, *Le Vocabulaire du Général de Gaulle*, Paris, Colin, 1969.
(Étude des images afférentes à ce mythe dans le journal gaulliste *La Nation*.)

● Les dieux du stade : analyse de comptes rendus de la presse sportive *(L'Équipe...)* à la lumière du « modèle héroïque », Voir J. Gritti, *Sport à la Une*, Colin, 1975.

● Structure du western : mettez en relief les situations-types et les types de personnages de ce genre cinématographique, d'après quelques films.

● Structure du roman policier : choisissez un auteur déterminé (Jean Bruce, Jan Fleming, etc.) et faites apparaître, d'après plusieurs de ses romans, les rapports fondamentaux des personnages (l'agent secret et les femmes, l'agent secret et ses adversaires, l'agent secret et ses collaborateurs, etc.).

ÉLÉMENTS DE BIBLIOGRAPHIE

P. Albouy a donné en conclusion du livre cité ci-dessous une bibliographie de 255 titres sur les rapports entre mythe et littérature. Il est indispensable de s'y reporter. On ne rappelle ici que les ouvrages fondamentaux nécessaires à quiconque voudrait poursuivre la réflexion sur la rêverie héroïque.

ALBOUY (Pierre) — *Mythes et mythologies dans la littérature française*, Paris, Colin, 1969.
Excellente introduction au problème des rapports entre la littérature française et la mythologie : panorama historique, présentation de quelques mythes (Satan, Caïn, Prométhée, Narcisse, Orphée) et de la place des mythes chez certains écrivains (Michelet, Hugo, Nerval, Gide). La perspective adoptée est historique plutôt que psychologique (bibliographie extrêmement précieuse et index).

BACHELARD (Gaston) — *L'Air et les songes*, Paris, Corti, 1943.
— *La Terre et les rêveries de la volonté*, Paris, Corti, 1947.
Plusieurs chapitres de ces livres sont utiles pour une réflexion sur la rêverie héroïque : imagination et mobilité, rêve de vol, Nietzsche et le psychisme ascensionnel; la volonté incisive et les matières dures.

BAUDOUIN (Charles) — *Le Triomphe du héros*, Paris, Plon, 1952.
Disciple de Jung, le docteur Baudouin établit à son tour (après Rank) la structure du modèle héroïque et en manifeste

la présence dans une douzaine d'œuvres épiques : *Gilgamesh*, *La Jérusalem délivrée*, *La Légende des siècles*... L'exposé est parsemé de remarques psychanalytiques.

On se reportera aussi à la meilleure étude de Baudouin, *La Psychanalyse de Victor Hugo*, 1943, rééd. Colin, série « Mythes », 1972.

CAMPBELL (Joseph) — *The Hero with a thousand Faces*, New York, 1956. Trad. française, 1978.

Bons passages sur l'aventure héroïque (pp. 49-245), sur les transformations du héros : enfant, guerrier, amant, empereur et tyran, rédempteur, saint (pp. 315-364).

DUMÉZIL (Georges) — *Mythe et Épopée*, 3 vol., Paris, Gallimard, 1968 et 1971.

Dans cette somme de quarante ans de recherches, Dumézil met en évidence dans les rituels, les épopées, etc. des Indo-européens une structure fondamentale : la tripartition magicien-juriste, guerrier et éleveur-agriculteur, laquelle « peut n'être... qu'un idéal et, en même temps, un moyen d'analyser, d'interpréter les forces qui assurent le cours du monde et la vie des hommes ».

DURAND (Gilbert) — *Les Structures anthropologiques de l'imaginaire*, 6e éd., Paris, Bordas, 1984.

Cette importante étude présente un double intérêt. Elle constitue un riche répertoire d'images, ordonnées « autour de quelques grands schèmes structuraux ». A cet égard, elle rend des services analogues à ceux du grand *Traité* d'Éliade, qui obéit à des principes de classification différents. — Mais en outre, elle propose une théorie générale de l'image, réhabilite l'imagination et met en évidence l'existence de structures au cœur de l'imaginaire.

G. Durand a révélé l'importance des caractères « héroïques » chez Stendhal : *Le décor mythique de « La Chartreuse de Parme »*, Paris, Corti, 1960.

ÉLIADE (Mircea) — *Traité d'Histoire des Religions*, Paris, Payot, 1964.

Ouvrage qui traite des religions par *thèmes* : la terre, la végétation, les eaux... On consultera le chapitre sur le soleil. Mais l'ensemble de ce traité constitue une source inépuisable, si l'on admet que tout grand artiste retrouve certaines images des « primitifs ».

— « Symbolismes de l'ascension et rêves éveillés » in *Mythes, Rêves et Mystères*, Paris, Gallimard, 1967, pp. 133-164.

Souligne le caractère universel du rêve d'ascension et ses rapports avec la rêverie héroïque.

GRAVES (Robert) — *Les Mythes grecs*, Paris, Fayard, 1967.
Livre particulièrement précieux, parce qu'il réunit en mosaïque les *textes* mêmes où sont contés les grands mythes grecs, au lieu de se contenter de secs résumés à la manière des Dictionnaires de mythologie (P. U. F., etc.). R. Graves fait suivre ces textes de commentaires explicatifs.

HOOK (Sidney) — *The Hero in History*, New York, 1943.
Essai sur les limites de l'action des personnalités supérieures dans l'histoire. Ainsi l'auteur se demande si une démocratie peut faire confiance à un héros (ch. 11).

JUNG (Carl-Gustav) — *Métamorphoses de l'âme et ses symboles*, Genève, Georg, 1953.
Ce maître-livre contient de beaux développements sur le héros (pp. 295-721). Un index remarquable permet les recherches les plus fructueuses sur héros, soleil, monstre, lion, aigle, etc. Explication psychanalytique : chemin faisant, l'auteur expose les principes fondamentaux de sa psychologie (concepts d'archétype, d'inconscient collectif...), sur lesquels reposent largement les œuvres de G. Bachelard, M. Éliade, G. Durand, etc.

RANK (Otto) — *Le mythe de la naissance du héros,* 1909, suivi de *La légende de Lohengrin,* 1911, Paris, Payot, 1983.
Essai d'un des premiers disciples de Freud : établissement des premiers éléments du « modèle » et tentative d'explication psychanalytique.

VRIES (Jan de) — *Heroic Song and Heroic Legend*, Londres, 1963.
Présentation des différentes littératures épiques (Grèce..., Allemagne, Irlande, pays slaves, Inde, Perse, etc.) dans le monde (pp. 1-137). Suivent des études sur l'arrière-plan et la structure (« the pattern ») de la vie héroïque.

WESTERN (le), Paris, Plon, coll. 10/18, 1969.
Les études sur le western s'en étaient longtemps tenues à l'historique du genre. Cet ouvrage collectif constitue une première tentative, encore timide, d'élucidation des lois, des structures, de la mythologie du western. Le petit dictionnaire des mythes qui occupe le centre du livre constitue une excellente « clé ». En annexe, un dictionnaire des mythes.

INDEX

des aspects essentiels du « modèle héroïque »

Imprimerie Berger-Levrault, Nancy - 715546-02-1990
Dépôt légal : Février 1990. Dépôt 1re édition : 1970
Imprimé en France